포항의
법률가

융합문명연구원 포항학총서 08

포항의 법률가

이국운

도서출판 나루

머리말

작년 말 이후 부친께서 편찮으셔서 병원 출입이 잦아지신 다음부터 인생에 관하여 여러 가지 생각을 하게 된다. 그중 하나는 인생에 있어서 삶의 공간적 범위가 가지는 어떤 숙명적 리듬 같은 것에 관한 상념이다.

평생을 복음 전도자이자 설교자로 사신 부친께서는 삼천리 방방곡곡이 좁다고 느껴질 만큼 수많은 지역을 넘나드는 삶을 사셨다. 40대 중반부터 60대 초까지는 외국 출장도 수시로 다니셨다. 그러시던 어른이 이제는 병환 때문에 어쩔 수 없이 좁디좁은 아파트 실내에서 진종일 머무르시게 된 것이다. 오래 다니시던 길 건너 천변의 산책로에 접근하는 것마저도 엄두를 내기 어렵게 된 지가 벌써 여러 달이다.

네 아이를 키우는 동안, 부모로서 우리 부부가 재미있게 관찰하던 성장의 측면 중 하나는 아이의 공간이 점점 커지는 과정이었다. 누워있던 아이가 기고, 걷고, 뛰고, 손 붙잡고 유치원에 가서도 도무지 떨어지려고 하지 않던 녀석이 어느새 제법 씩씩하게 동네를 뛰어다니고, 초등학교에 들어가서는 한두 번쯤 모험 삼아 새로운 길로 집에 돌아오다가 길을 잃어 낯선 거리에서 헤

매기도 하고… 그러던 친구들이 이제는 다 성인이 되어 해외도 가고, 군대도 가고, 부모 없는 낯선 도시에서 척척 자신의 삶을 살아가게 되었다.

요사이 내게 떠오르는 삶의 공간적 범위에 관한 상념은 자꾸만 이 두 모습을 연결해서 생각하도록 만든다. 점점 줄어들기만 하는 아버지의 삶의 공간과 끝없이 뻗어갈 것만 같은 아이들의 삶의 공간. 이 둘을 겹쳐 보면서 내가 떠올리는 것은 인생의 공간적 범위에 관한 어떤 숙명적 리듬 같은 것이다. 모든 아버지는 누군가의 아이였으므로, 아버지의 삶의 공간 또한 끝없이 뻗어갈 것만 같았던 적이 있었으리라. 그러다가 인생의 절정을 이룬 어느 순간부터 그 리듬은 정반대로 방향을 바꾸어 원점을 향해 작아지기 시작했을 것이다. 아버지의 공간적 리듬과 아이들의 공간적 리듬을 애잔함과 애틋함을 가진 채 바라보면서, 나는 바로 그 둘 사이에 나와 아내의 인생이 자리하고 있음을 새삼 깨닫는다.

모두가 알 듯, 인생은 세상이라는 호수의 한 지점에 조약돌 하나가 떨어지면서 시작된다. 그 조약돌로 인하여 시작된 파문은 동그라미를 이루어 퍼져 나가고, 다른 동그라미들과 만나 결이 다른 물결을 만들어내기도 한다. 어떤 물결은 시대를 잘(못)

만나 혁명적인 변화를 일으키기도 하고, 어떤 물결은 무료함에 지쳐서 심지어 세기말의 퇴폐에 스스로 젖어 들기까지 한다. 하지만 분명한 것은 이 모든 물결, 그 동그라미의 파문이 결국 잦아들고 수그러져서 모든 것이 시작되었던 원점으로 돌아올 것이며, 또한 사라지게 될 것이라는 사실이다.

지난 20여 년 동안 나는 자치와 분권을 중심으로 헌법과 정치와 사법의 근본을 완전히 다시 생각해 보려는 나름의 작업을 추진해 왔다. 그 과정에서 뼈저리게 느낀 것은 이처럼 당연하고도 자연스러운 인생의 공간적 리듬에 대한 통찰이 한국 사회에서 너무 자주, 그리고 너무 쉽게 무시되고 있다는 점이었다. 식민지의 삶과 이념 전쟁의 상처가 너무 깊어서일까? 아니면 개발 독재와 민주화의 대비가 너무 짙어서일까? 신자유주의와 글로벌리제이션, 그리고 디지털 사회의 광풍이 너무 강력해서일까? 모든 인생을 오로지 주권국가라는 하나의 단위, 그중에도 서울이라는 하나의 중심에 맞추어, 그 언어, 그 기준, 그 가치관으로 재단하려는 관성은 21세기에 들어오면서 더욱 기승을 부리고 있다. 예전에 누군가가 일갈했듯이 오늘날 대한민국에서 지방은 그저 서울의 식민지에 불과하다고 말해도 전혀 과언이 아니게 된 지경이다.

주권국가 유일주의는 그 속에 살아가는 사람들을 이른바 주권국가에 의하여 승인된 원자론적 개인, 달리 말해, 주권국가라는 정치적 단위밖에 모르는 천상천하 유아독존의 성인들로 전제하는 경향이 매우 강하다. 그 원자론적 개인들, 천상천하 유아독존의 성인들이 벌이는 각종 분쟁을 해결해야 하는 점에서 사법은 더욱 본질적으로 주권국가 유일주의에 경도될만한 근거를 내포하고 있다. 더구나 원래의 고유한 법체계를 잃어버리고 서구에서 들어온 법체계를 근대법이라는 이름으로 받아들여 사법과 정의 근간으로 삼아야만 했던 한반도의 역사에서 이러한 경향은 한층 더 강력해질 수밖에 없었다.

하지만, 아무리 그렇더라도 사법이든 주권국가 유일주의든 가장 근본적인 차원에서는 앞에서 말한 인생에 있어서 삶의 공간적 범위에 관한 숙명적 리듬을 결코 거스를 수 없다. 왜냐하면, 이 숙명적 리듬은 국가의 체제이념이나, 사법이라는 권력의 속성이나, 한반도의 역사라는 특수한 조건으로 환원될 수 있는 문제가 아니기 때문이다. 인생에 있어서 삶의 공간적 범위는 그 모두를 뛰어넘는, 아니 그 모두의 바탕을 이루는, 그야말로 보편적인 삶의 지평이기 때문이다.

그러므로 대한민국의 자유민주주의가 이와 같은 보편적 지평에 뿌리를 내리려면, 성인들의 삶의 공간을 표상하는 주권국가의 차원만이 아니라 아이들과 어르신들의 삶의 공간을 표상하는 분권화된 자치공동체의 차원까지도 반드시 포괄해야 한다. 전자만을 내세워 후자를 식민지화하는 것은 비유컨대 성인들의 공간을 앞세워 아이들과 어르신들의 공간을 압살하는 것이나 마찬가지이다.

이 책은 지난 25년 동안 내가 몸담아 온 포항 사회의 법, 사법, 그리고 법률가사회에 초점을 맞추어 주권국가 유일주의에 저항하는 풀뿌리 민주정치의 생동력을 추적해 보려는 시도이다. 여러 가지 측면에서 결함이 많고, 법사회학적 분석의 완성도 역시 크게 내세울 만하지는 못하지만, 그래도 자치분권의 관점에서 열패감을 맛보지는 않았다는 보람을 느끼고 있다.

이 책의 저술에는 20년의 시차를 두고 이루어진 한국연구재단과 포스텍 융합문명연구원의 지원이 있었다. 이 둘 중 어느 하나라도 없었다면, 현재만큼의 성과도 거두기 어려웠을 것이기에, 이 기회에 감사를 표하고자 한다. 아울러 지난 25년 동안 내게 포항 사회를 소개해 주고 동시에 포항의 법률가를 탐색하게 도와주었던 몇 분의 포항 지식인들에게 고마움을 전하고 싶다. 포항 YMCA에서 오랫동안 봉사했던 서병철 선생, 포항 지진과 관련하여 많은 이야기를 나누었던 양만재 박사, 그리고 포항 사회를 향한 정치적 웅지를 다 펴지 못하고 안타깝게 소천한 故 허대만 시의원 등이다. 마지막으로는 대한민국에서 가장 외진 캠퍼스에 함께 모여 지난 20여 년 동안 '국경을 넘는 법률가(lawyers without borders)'의 비전을 품고 동역해 온 한동대학교 법학부와 국제법률대학원의 몇몇 동료들에게 깊은 우정을 표하고 싶다. 신은주, 원재천, 이희언, 백은석, 에릭 엔로우(Eric Enlow), 에드워드 퍼넬(Edward Purnell) 등. 이들은 이 책에서 살핀 대로 포항 법률가사회의 명실상부한 일원들이기도 하다.

2023년 9월
포항 한동에서
李國運

목차

머리말

Ⅰ. 사법도 대표라는 생각!
13

Ⅱ. 사법적 거버넌스와 로컬리티
39

Ⅲ. 포항 사회의 법
61

Ⅳ. 사법적 권력체제의 구조
97

Ⅴ. 포항의 법률가

1. 2003년 / 131
2. 2023년 / 149
3. 변한 것과 변하지 않은 것 / 169

Ⅵ. 포항 사회에서 법률가의 자리
173

Ⅶ. 사법 자치는 불가능한 목표인가?
221

참고문헌

사법도 대표라는 생각!

이 글은 포항의 법률가에 대한 법사회학적인 소묘(素描)를 목표로 한다.

여기서 법사회학적이라는 말은 실정법이나 사법제도의 밖으로 시야를 넓혀서 법 및 법과 관련된 여러 현상을 다양한 사회적 맥락과 인과관계의 망 속에서 깊이 이해해 보려는 학문적 태도 또는 접근방식을 가리킨다.[1] 한국 사회에서 법이나 법률가에 관련된 문제들은 대개 실정법이나 사법제도의 틀 속에서 법률의 해석이나 판례에 대한 평가를 위주로 논의되곤 한다. 그 바깥의 이야기들은 기껏해야 법적 논의를 이해하기 위한 배경지식이거나 독자의 관심을 끌기 위한 가십성 장치로서 기능할 뿐이다. 하지만 이 글은 법률 영역의 안팎을 구분하는 그와 같은 관행적 경계선의 의미를 뒤집어, 법이 아니라 법률가를, 하나의 사회적 현상으로서, 관찰과 분석의 중심에 놓아보려고 한다.

법사회학적인 접근방법을 선택할 경우, 법률가는 법과 관련된 사회적 현상 가운데 당연히 가장 중요한 문제 중 하나로 등장한다. 보통 사람들이 살아가는 일상의 사회적 삶에서 법은 거의

---

1 최대권, 『법사회학』, 서울대학교 출판부, 1983; 양 건, 『법사회학』, 민음사, 2004(제2판); 로저 코터렐, 『법사회학 입문』, 김광수 외 역, 터, 1992; M. 레빈더, 『법사회학』, 이영희·최종고 역, 법문사, 1981 등

언제나 법을 전문적으로 다루는 직업적 법률가와의 관계를 통해 드러나기 때문이다. 특히 일반 시민들은 법 다르고, 법률가 다른 분절적 상태를 좀처럼 받아들이기 어려워한다. 이들에게 법이라는 사회적 현상은 항상 직업적 법률가와 동전의 양면처럼 붙어 다니는 현상인 까닭이다.[2]

그렇지만 정작 직업적 법률가들은 마치 법이 법률가와 아무 관련이 없는 독자적이고 객관적인 실체인 것처럼 법적 담론을 전개하고, 그 결과 법을 마치 법률가들의 고유한 관점이나 가치 또는 이해관계와 세계관으로부터 완전히 독립된 것처럼 일반 시민들을 오도하기도 한다. 이와 같은 태도는 그 자체로서 직업적 법률가들을 감싸고 있는 직업적 이데올로기, 즉 리갈리즘(legalism, 도덕적 행위를 규칙 따르기로 치환하여 모든 것이 법률에 의해 결정되어야 한다는 사상)의 표현이며, 법에 관한 전문적인 지식을 갖지 못한 일반 시민들로서는 도무지 넘어서기 어려운 장벽이기도 하다.[3] 욕심 또는 용기를 내서 법에 관한 전문적인 지식을 갖추더라도 사정은 별반 나아지지 않는다. 그 경우 일반 시민은 어느새 직업적 법률가가 되어 스스로 장벽 안쪽의 리갈리즘

---

[2] 이국운, 『법률가의 탄생-사법 불신의 기원을 찾아서』, 후마니타스, 2012, 에필로그 「전관예우와 관료 사법에 대한 명상」

[3] Judith N. Shklar, *Legalism-Law, Morals, and Political Trials*, Harvard University Press, 1986

에 익숙해지는 경우가 다반사이기 때문이다.

따라서 때때로 직업적 법률가들이 암암리에 조장하는 이와 같은 이데올로기적 착시현상을 멀리하려면, 법사회학적 접근은 의도적으로 법이 아니라 법률가를 초점으로 삼아, 사회적 규칙으로서의 법 그 자체가 아니라 그 법을 호명하고 구성하며 또 그 법을 통해 지배하거나 지배받는 사회적 인간의 관점에서, 직업적 법률가와 함께 붙어 다니는 독특한 사회적 현상으로서 법을 관찰하고 분석하고 재구성할 필요가 있다. 바로 이것이 이 글이 굳이 포항의 법이 아니라 포항의 법률가를 주목의 대상으로 삼으려는 근본적인 까닭이다.

이 글은 한국 사회에서 직업적 법률가들의 사회적 위상에 관한 법사회학적 소묘를 포항이라는 지역사회를 무대로 살펴보려고 한다.

경상북도 동해안에 자리한 약 50만 명의 인구를 가진 이 낯선 중소도시를 법사회학적 관찰과 소묘의 대상으로 삼는 선택은 언뜻 보아 실용적인 목적 이외에 별다른 의미가 없는 것처럼 비칠 수도 있다. 그저 법사회학적 관찰과 소묘의 용이성이란 측면에서 연구자인 나 자신이 지난 25년 동안 살아온 지역사회를 심각한 고려 없이 관찰 대상으로 선택한 결과일 수 있기 때문이다.

이러한 선택에 그와 같은 실천적 고려가 작용하지 않았다고 말하기는 어려울 것이다. 하지만, 그 점을 충분히 염두에 두더라도, 법사회학적 관찰 대상의 선택, 즉 포항의 법률가를 한국 사회에서 법률가 현상을 관찰하기 위한 무대로 선택하는 것은 실상 그동안 한국 사회의 현실에서 법사회학을 비롯한 여러 학문의 시야로부터 짐짓 배제되어 온 일종의 학문적 사각지대를 조명하려는 의도를 담고 있다. 이때의 사각지대는 적어도 두 가지 관점에서, 그리고 더 정확하게는 양자의 중첩으로서, 그 원인을 추적할 수 있다. 이 점을 간략히 부연해 보자.

첫째, 오늘날 한국 사회에서 법과 법률가에 대한 관념은 주권국가 이념의 압도적인 위세에 의하여 지배되고 있다. 오로지 주권을 가진 국가만이 법과 법률가의 정당한 토대이자 원천이 될 수 있다는 생각은 너무도 편만하게 퍼져 있어 도무지 이의를 제기할 엄두가 나지 않을 정도다. 한국 사회에서 모든 법은 당연히 국가법이며, 모든 법률가는 당연히 국가법률가이다. 주권국가와 연결되지 않는 법이나 법률가는 도무지 존재 근거를 찾을 수 없으며, 심지어 그와 같은 편향에 학문적으로 이의를 제기하는 것조차 괴상하거나 불온하게 여겨질 정도이다.

이러한 편향적 상황은 현실적으로 한국 사회에서 모든 법과 사법제도와 관련 조직, 그리고 이를 구성하고 운영하는 직업적 법률가들을 이해하려면, 반드시 대한민국이라는 체계적 중심과 이들이 맺는 관계를 살펴야 함을 의미한다.

예를 들어, 모든 법은 대한민국의 국회와 정부와 정당들로부터, 사법제도는 대법원과 헌법재판소와 법무부와 대검찰청으로부터, 법률가는 대한변호사협회와 법학전문대학원과 고시학원들로부터 관찰과 분석을 시작해야 한다는 말이다. 이는 한마디로 모든 것을 위에서 아래로, 중심에서 주변으로 향하며 관찰하고 이해하는 '주권국가 유일주의'가 한국 사회의 법과 법률가를 관통하고 있음을 뜻한다.

이와 같은 상황에서 경상북도 동해안의 중소도시 포항의 법과 법률가는 자연스럽게 학문적 사각지대에 놓이게 된다. 포항의 법과 법률가는 기껏해야 대한민국의 법체계와 법률가집단에서 가장 멀리 떨어진 말단(末端)의 모습으로, 달리 말해, 주권국가의 관점에서는 여간해서 어떠한 주목도 받기 어려운, 그야말로 가장자리의 현상으로 기억될 수 있을 따름이다.

따라서 주권국가 이념의 압도적인 위세에도 불구하고 굳이 포항과 같은 주변 지역의 법과 법률가를 관찰과 분석의 대상으로 삼는 것은 그 자체로서 매우 희소한 시도이기도 하려니와, 그

마저도 기껏해야 연구자의 개인적인 취향의 문제로 취급될 가능성이 매우 크다.[4]

둘째, 법 및 법률가에 대한 관념의 이와 같은 '주권국가 유일주의'는 오늘날 한국 사회에서 다양한 형태의 지역연구나 자치운동의 전개과정에 관하여 심각한 비대칭성을 낳고 있다. 1987년 이후 벌어진 민주화 이행(democratic transition)의 결과, 오랜 기간 군사정권이 중단했던 지방자치가 헌법 개정을 통해 부활하면서, 1990년대 이후 한국 사회에는 지방자치의회의원 및 지방자치단체장의 주민 직선이 거듭 진행되었다. 이러한 변화와 함께 한국 사회 곳곳에는 자치와 분권을 향한 움직임을 더욱 강화하려는 시도들이 갈수록 강해졌고, 이는 각 지역의 현실을 다양한 관점에서 구명하고 개선하려는 자치운동으로 이어졌다. 학술적 차원에서 이와 같은 흐름은 역사적 고유성과 문화적 독자성에 초점을 맞춘 지역연구나 각 지역의 미래를 기획하기 위한 각종 프로젝트의 활성화로도 나타나고 있다.

---

[4] 이국운, 「사법서비스 공급구조의 지방분권화」, 법과 사회 제23호, 2002; 「법치와 분권-한국 사회에서 다원주의 헌법이론의 전망」, 공법연구 제32권 제2호, 2003; 「분권사법과 자치사법-실천적 모색」, 부산대학교 법학연구 제49권 제1호(통권 제59호), 2008; 「검찰조직의 민주화 방안 연구-지방검사장 주민직선제를 중심으로」, 시민과 세계 제19호, 2012; 「지역법관제도의 입법적 보완 방향에 관한 소고: 사법정치학적 분석을 토대로」, 법과 사회 제47호, 2014; 「사법의 분권과 자치는 어떻게 가능한가?」, 입법과 정책 제14호, 2016 등

그러나 조금만 자세히 살펴보면, 이와 같은 움직임은 어디까지나 직접 선거에 의한 주민의 통제가 이루어지고 있는 정치·행정 영역에 집중되어 있음을 알 수 있다. 역사나 문화 쪽의 연구도 정치·행정 영역의 영향을 받는 경향이 짙어서, 의도적으로 지역의 독자성, 고유성, 자생성에 초점을 맞추는 경우가 대부분이었다. 민주화의 이행기를 지나 이른바 민주적 공고화(democratic consolidation)가 진척되려면 과도한 중앙집권의 완화 및 자치와 분권의 강화가 함께 이루어져야 할 것은 불문가지의 요청이다. 이런 점에서 한국 사회의 과도한 중앙집권주의적 관성에 비추어, 지역연구의 의도적인 편향성은 충분히 이해할만하다.

하지만 문제는 그러한 편향성으로 인해 한국 사회의 지역연구가 각 지역의 적나라한 현실, 특히 도시 정치의 실상을 제대로 분석하지 못하고 있다는 점이다.[5] 이는 어쩌면 자치와 분권이라는 이념적 당위에 대한 집착이 지나쳐서, 현실 자체에 대한 정확한 이해를 방해하고 있는 형국일 수도 있다. 좀 더 비판적으로 말하면, 이러한 현상은 자치와 분권에 관련하여 한국 사회에 드리워져 있는 일종의 지식정치적 헤게모니의 한 반영으로 볼 수

---

5   다만, 포항사회에 관해서는 최근 매우 주목할만한 노작이 출간되었다. 서병철, 『국가공간과 지역정치-철강도시 포항의 재인식』, 한국학술정보, 2023

도 있을 것이다.

이러한 비의도적 은폐 상황을 잘 보여주는 하나의 예가 바로 각 지역의 사법 및 법률가에 대한 극도의 무관심이다. 잘 알려져 있듯이 1990년대 중반 이후 한국 사회는 헌법재판소와 검찰을 두 축으로 이른바 '정치의 사법화' 현상이 벌어져 왔으며, 최근에는 그 연장선에서 검찰총장 출신 후보가 곧바로 대통령으로 선출된 다음, 이른바 '사법의 정치화'를 우려하는 목소리가 높아지고 있다.[6] 그러나 이와 같은 흐름은 어디까지나 대한민국의 중심에서 벌어지는 현상으로 이해되고 있을 뿐이며, 한국 사회의 주변부, 특히 사법 체계의 가장자리인 각 지역의 사법과 법률가에게까지 '정치의 사법화'나 '사법의 정치화'라는 패러다임을 적용해 보려는 시도는 전혀 찾아볼 수 없다. 이 점에서 서울로부터 매우 멀리 떨어진 포항의 법과 법률가는 학문적 관심의 사각지대에 놓여있다고 말해도 과언이 아닐 것이다.

이처럼 포항의 법과 법률가가 사각지대에 놓이게 된 이유는 두 가지 관점의 중첩 때문으로 보인다. 첫째, 법과 사법을 접근하기 어려운 국가의 통치 도구로 보는 관점, 둘째, 법률가를 국

---

[6] 대표적으로 참여연대 사법감시센터, 『검사의 나라, 이제 1년-윤석열 정부 검찰보고서 2023』, 참여연대, 2023 등

가의 중심에서 파견된 익명의 통치자로 보는 관점이다. 이 두 가지 관점은 한국 지역사회에서 독특한 인식 패러다임을 형성하고 있으며, 이로 인해 법과 법률가는 사각지대에 놓일 수밖에 없게 되었다.

나는 이 글에서 포항의 법률가에 대한 법사회학적 소묘를 통하여 그와 같은 인식 패러다임의 구체적인 모습을 묘사하고 가능한 범위에서 그 원인을 밝혀 보고자 한다. 이 점에서 이 글은 포항의 법률가를 초점으로 삼는 법사회학적 연구인 동시에 대한민국 사법체제의 작동 양태를 그 가장자리로부터 밝혀 보려는 일종의 미시적 지역연구를 지향한다고 말할 수 있을 것이다.

지역연구의 일환으로서 이 글은 어쩌면 이른바 '포항학'의 한 시도로 이해될 수도 있을 것이다. 그러한 분류를 과분하기 짝이 없는 영예로 받아들이면서도, 나는 이 글의 문제의식이 여전히 앞서 말한 한국 사회의 사각지대, 다시 말해, 한국 사회의 가장자리에 놓인 각 지역사회의 사법 영역을 조명하려는 쪽에 더 많이 놓여있음을 확인해 두고 싶다.

미리 전제하지만, 포항에 관한 지역연구나 사법 영역의 포항 사례 연구의 어느 쪽이든, 이 글은 답변보다는 질문을 더 많이 산출할 가능성이 크다. 특히 연구 방법의 양적·질적 측면에서는 아마도 본격적인 법사회학적 연구의 출발점을 확보하는 정도에 머무를 수밖에 없을 것이다.

이러한 한계를 자인하면서도, 나는 이제 이와 같은 법사회학적인 탐구를 이끌어가는 이 글의 특수한 문제의식을 간단하게나마 피력해 두고자 한다. 그것은 바로 '사법도 대표'라는 생각이다.[7] 어쩌면 지금까지 한국 사회에서 한 번도 제대로 옹호된 적이 없을지도 모르는 이 상당히 생소한 생각은 포항의 법률가를 단순한 전문적 직업집단이 아니라 포항의 일반 시민들과 관련된 사법적 대표로서 바라보게 만든다. 그리고 이는 다시 포항의 법률가 자신의 직업적 자아상을 의심과 성찰의 대상으로 바꾸어 놓으면서, 그로부터 새로운 이상, 즉 적어도 지금보다는 훨씬 바람직한 법률가의 정치사회적 위상을 지향하도록 요청한다. 이 점을 잠시 부연해 보자.

오늘날 대한민국과 같은 자유민주주의 체제에서, 일반 시민들은 국가권력을 입법-행정-사법이라는 세 유형으로 나누어 그 각각이 서로를 견제하는 통치구조에 익숙하다. 대한민국으로 말

---

[7] 이국운, 「정치적 근대화와 법률가집단의 역할-법률가양성제도 개혁논의의 비교분석을 통한 접근」, 서울대학교 법학박사학위논문, 1998; 「법률가양성제도의 정치적 기능」, 민주법학 제17호, 2000; 이국운·박경신, 「정원제 사법시험제도의 위헌성」, 법과 사회 제18호, 2000

하자면, 입법은 국회가, 집행은 대통령과 정부가, 사법은 법원과 헌법재판소가 담당한다. 그러나 이처럼 일반적으로 받아들여지는 삼권분립의 구조를 '대표'라는 민주정치의 또 다른 원리와 연결해 보면, 이 점에 관해서는 심각한 비대칭이 존재함을 곧바로 확인할 수 있다. 입법과 행정에 관해서는 너무도 당연하게 선거를 통해 대표를 선출하여 국회를 구성하고 대통령직을 맡기지만, 사법에 관해서는 이와 같은 방식에 대한 철저한 외면 또는 무관심이 두드러지기 때문이다.

물론 사법 정의의 구조적인 왜곡과 끝없는 사법 불신을 넘어서기 위하여 한국 사회의 일각에서는 진작부터 '사법의 민주화'가 추진되고 있다. 예를 들어, 국민참여재판와 같은 배심제도, 지방검사장의 주민직선제도, 국회에서 선출하는 독립사법행정위원회제도 등은 그러한 맥락에서 제안된 제도들이다. 하지만, 이처럼 제도적인 차원의 개선 방안을 모색하는 차원을 떠나, 관점 자체를 아예 바꾸어 삼권분립이나 사법에 대한 새로운 이해를 개척하려는 시도는 아직 본격화되지 않고 있다. 이 글은 바로 그와 같은 이론적 공백에 주목하여 사법과정 자체를 아예 하나의 대표과정으로 새롭게 인식해 보려고 한다.

최근 모니카 비에이라와 데이비드 런시먼이 잘 정리했듯이,

인간의 정치에서 정치적 표상을 통한 대표는 민주정치보다 훨씬 더 근본적인 현상이다.[8] 민주정치가 제도화되지 못한 상황에서도 인간의 정치에서 정치적 표상을 통한 대표는 여러 형태로 계속되어왔다. 지난 30년간 나는 이러한 생각에서 인간의 정치란 근원적으로 표상의 방식을 통한 사유 정치, 즉 표상 정치이며, 그 표상 정치의 숙명을 받아들이는 동시에 그 한계를 극복하려는 줄기찬 시도야말로 인간의 정치를 가능하게 만드는 진정한 원천이라는 독자적인 헌정주의 이론을 발전시켜왔다.[9]

이와 같은 헌정주의의 관점에서 접근할 경우, 자유민주주의를 구성하는 정치과정, 행정과정, 사법과정은 일단 표상 정치의 다양한 구현 형태들로 이해할 수 있게 된다. 따라서 그다음 등장하는 결정적인 문제는 정치과정에서 민주적 선거가 대표를 가능하게 하고, 행정과정에서 관료적 집행이 대표를 가능하게 한다면, 과연 무엇이 사법과정에서 대표를 가능하게 하는지를 해명하는 것이다.

자유민주주의는 권력 분립 및 사법의 독립이라는 헌정주의

---

[8] 모니카 비에이라·데이비드 런시먼, 『대표: 역사, 논리, 정치』, 노시내 역, 후마니타스, 2020

[9] 이국운, 『헌법』, 책세상, 2010; 「'헌정적인 것'의 개념」, 법과 사회 제51호, 2016; 『헌정주의와 타자』, 박영사, 2019

원리에 따라 사법 권력을 입법 권력 및 행정 권력과 엄격하게 분리하여 구성한다. 사법적 권력체제는 민주적 선거를 필수적인 요소로 갖는 입법적 및 행정적 권력체제와 매우 상이한 모습을 가지며, 최종적으로 판단하는 권력이라는 사법 권력의 독특성으로 인하여 사법 권력의 행사 역시 입법 권력이나 행정 권력과는 다른 방식으로 이루어진다.

이처럼 사법 권력은 본질적으로 판단하는 권력, 특히 최종적으로 판단하는 권력이다. 사법 권력은 여러 형태의 분쟁에 관하여 법적 판단을 통해 최종적인 해결책을 선고하는 방식, 즉 번복 불가능한 마지막 법적 판단을 선언하고 공표하는 방식으로 작동한다. 그런 뜻에서 사법 권력은 최종적인 재판 권력이라고 말할 수 있다. 현실에서 사법 권력에는 법관의 인사나 판결의 집행과 같은 이른바 사법행정권력이 포함되기도 하고, 실제의 권력 작동에서 결정적인 요인이 되기도 하지만, 궁극적으로 그것은 최종적인 재판 권력인 사법 권력에 의존하는 권력일 뿐이다.

권력의 행사방식에서 가장 중요한 특징은 사법 권력이 언제나 법적 판단의 주체인 법관에 의하여, 또는 법관들로 이루어진 재판부에 의하여 행사된다는 점이다. 달리 말하여, 사법 권력은 특정한 기관이나 조직이 아니라 그 기관 및 조직을 구성하는 사람(들), 즉 법관 또는 법관들로 이루어진 재판부가 행사하는 권력이다. 대한민국 헌법 제101조 제1항은 이를 "사법권은 법관으로 구성된 법원에 속한다."라고 간명하게 표현하고 있다.

사법 권력의 이와 같은 인적 권력으로서의 특징은 사법적 권력체제에서 인적 요소가 결정적일 수밖에 없음을 암시한다. 나아가 이는 그와 같은 인적 권력으로서의 특징을 지켜야 할 필요성과 인적 권력의 남용을 막아야 할 필요성, 예컨대 법관의 독립을 수호하면서 법관의 자의를 방지해야 한다는 모순적인 요청을 동시에 나타낸다. 대한민국 헌법 제103조는 이러한 사정을 "법관은 헌법과 법률에 의하여 그 양심에 따라 독립하여 심판한다."라는 언명을 통해 드러내고 있다.

사회 속에서 사법은 사람들 사이의 갈등과 분쟁이 공권력에 대한 호소, 즉 소송으로 비화되고, 다시 그러한 소송이 공적 권력의 적법절차에 따른 개입, 즉 재판을 통해 최종적으로 해결되는 일련의 과정, 즉 사법과정을 통해 나타난다. 그리고 이 모든 과정은 법규범의 해석을 통해 사법적 판단을 최종적으로 제공하는 사람들, 즉 법관들에 의하여 이루어지며, 법관이 되기 위해서는 일반적으로 직업적 법률가의 자격을 획득해야만 한다. 여기서 등장하는 직업적 법률가란 사법과정에서 법을 전문적으로 다루는 실력을 연마하여 인증을 획득하는 방식으로 형성된다.

오늘날 자유민주주의 체제에서 일반적으로 받아들여지는 사법과정의 이론은 사법과정(judicial process)을 원고와 피고의 갈등과 분쟁을 전제로 양측에게 주장과 입증을 위한 동등한 기회를 제공한 뒤 제3자의 공개된 결정에 의하여 승패를 가리는 구조로 묘사한다. 이에 따르면, 사법과정이 제대로 작동하기 위해서는 당사자들로부터 독립되어 있으면서 공정하고도 불편부당하게 행위하는 제3자, 즉 재판관이 반드시 필요하다. 한마디로 사법과정의 '정상이론'은 사법과정을 원고와 피고, 그리고 재판관으로 구성된 삼각 구도로 이해한다(triad model).[10]

후술하듯, 이와 같은 사법과정의 정상이론은 많은 문제를 가지고 있으며, 특히 '주권국가 유일주의'로 오해될 위험성을 내포하는 점에 관해서는 로컬리티의 관점에서 근본적인 반성이 필요하다. 하지만 이러한 문제를 차치하고 대표의 관점에서 일단 살피건대, 사법과정이 어떤 방식으로 대표, 즉 표상 정치라는 인간의 정치의 숙명을 수행하는지는 비교적 명확하다. 그것은 바로 '법규범의 해석을 통한 권력의 매개'이며, 그런 뜻에서 법규범은 해석의 매개물이고, 해석은 매개의 방법이라고 할 수 있다. 같은 맥락에서 사법과정은 그와 같은 해석적 매개의 연속적 과정이

---

10 Martin Shapiro, *Courts-A Comparative and Political Analysis*, University of Chicago Press, 1981, ch. 1

고, 직업적 법률가란 바로 법규범의 해석을 통하여 사법과정에 직업적으로 참여할 것을 국가로부터 허가받은 전문가로 이해할 수 있다.[11]

사법과정에서 법률가는 이와 같은 '법규범의 해석을 통한 권력의 매개'를 크게 세 차원에서 진행한다. 하나는 분쟁 당사자들 사이를 사적으로 매개하는 것이다. 이때 법률가는 시민에 대하여 시민을 법적으로 대표하며, 그 직업적 형태는 대개 사적 전문직이다. 다음은 국가에 대하여 시민을 대표하는 것이다. 소송 당사자를 대리하여 국가에 소송을 제기하는 국면이 전형적인 경우이며, 이때 법률가는 국가에 대하여 시민을 법적 대표할 수 있는 자격을 갖추어야 한다. 많은 국가에서 변호사직은 이 자격과 동일시되곤 한다. 마지막으로는 시민에 대하여 국가를 대표하는 것이다. 국가의 사법 권력 또는 행정 권력을 판사 또는 검사가 행사하는 경우가 그러하다. 이때 법률가는 곧 국가법률가이며, 그 판단은 곧바로 국가권력의 법적 판단을 형성한다.

자유민주주의 국가에서 사법 권력의 조직 형태는 이상의 세 차원을 어떻게 연결하느냐에 따라 크게 두 개의 이념형으로 나눌 수 있다. 우선 첫 번째 차원, 즉 분쟁 당사자들의 사적인 매개

---

11 이국운, 「법률가사회학 이론 서설」, 법과 사회 제58호, 2018

에서 국가에 대하여 시민을 대표하는 두 번째 차원으로 나아가고, 그로부터 다시 시민에 대하여 국가를 대표하는 세 번째 차원을 구성하는 방식이다. 이는 전형적으로 사적 영역의 전문적인 법적 역량으로부터 공적 영역의 사법적 대표를 충원하는 방식이며, 주로 영미 세계의 커먼로 전통에서 발달한 사법적 전문주의(judicial professionalism)로 볼 수 있다. 또 하나의 대조되는 이념형은 정반대로 세 번째 차원, 즉 국가법률가의 차원에서 출발하여 역으로 두 번째 차원과 첫 번째 차원을 확보하는 방식이다. 이 경우 사법은 전적으로 국가의 공적 업무로 이해되는 것이 보통이며, 사적 영역의 전문적인 법적 역량은 어디까지나 그 잉여로 받아들여진다. 이는 특히 유럽 대륙의 시민법 전통에서 발달한 사법적 관료주의(judicial bureaucratism)에서 잘 나타난다.

대한민국의 사법체제는 이 둘 가운데, 단연 후자의 방식, 즉 사법적 관료주의에 따라 형성되었다. 조선시대까지 통용되던 전통적 사법체제는 19세기 말에 이르러 자취를 감추었고, 유감스럽게도 일제 식민지 지배 권력의 철저하게 관료주의적인 강압적 사법체제로 급속하게 대체되었다. 1945년 8월 15일 이후 펼쳐진 이른바 해방 공간에서 대한민국은 사법적 관료주의의 노선을 채택했으나, 남북분단과 한국 전쟁, 그리고 군사쿠데타와 개발독재의 혼란 속에서 새로운 사법체제가 갖추어지기까지는 족히

한 세대가 걸렸다.

그러나 1987년 민주화 이행이 가져온 한국 사회의 근본적인 변화 속에서 사법적 관료주의에 입각한 대한민국의 사법체제는 시장 및 시민사회와 지속적인 갈등을 빚었다. 무엇보다 사법 관료제의 특권을 체계적으로 보장해 온 지나친 엄선주의와 이를 토대로 벌어져 온 '전관예우'와 같은 구조적 폐해는 한국 사회의 보통 사람들에게 뿌리 깊은 사법 불신을 배태했다. 1990년대 초반부터 시작된 한국 사회의 사법개혁작업은 2009년에 이르러 법률가양성제도로서 사법시험-사법연수원 체제 대신 법학전문대학원-변호사시험 체제를 채택하는 단계에 도달했다. 이는 사실상 사법적 관료주의를 포기하고 사법적 전문주의로 전향하는 결단이나 다름없었으며, 2023년 현재 대한민국의 사법체제는 경력 변호사집단에서 신규 판검사, 즉 국가법률가를 임용하는 새로운 체제로의 과도기를 거치고 있다.

이상에서 살핀 것처럼 사법을 입법 및 행정과 경쟁하는 또 하나의 대표과정으로 이해하는 것은 대한민국의 헌법해석에도 부합하는 측면이 크다. 대한민국의 "모든 권력은 국민으로부터 나온다."는 국민주권의 원리(헌법 제1조 제2항)에서부터 시작하여 사법 권력의 헌법적 정당성을 생각할 경우, 사법도 대표라는 명제는 너무도 당연하기 때문이다. 법관으로 구성되는 사법부의 권력이 국민으로부터 나온다면, 대한민국의 모든 법관들은 현실적인 사법적 대표들일 수밖에 없고, 그 법관임용자격을 독점하는 대한민국의 모든 법률가들은 잠재적인 사법적 대표들일 수밖에 없다. 이때 법률가양성방식의 차이는 이들이 국가의 사법권력, 즉 非정당적 국가권력을 향유할 것이 예정된다는 점에 관하여 어떠한 영향도 미치지 않는다. 요컨대, 현행 헌법 속에서 법률가자격부여과정은 잠재적인 사법적 대표의 선출과정으로서, 정치적(입법적) 대표의 선출과정에서 선거에 출마한 후보자를 확정하는 것과 기능적으로 등가(等價)라는 것이다.

따라서 그동안 사법개혁논의에서 금과옥조로 받아들여져 온 '사법권의 독립'이라는 명제는 어디까지나 입법적, 행정적 대표들과 비교하여 사법적 대표의 독특성을 나타내는 차원에서 이해되어야 마땅하다. 헌법 해석상 사법의 '민주성'은 사법의 '독립성'보다 더 근본적인 차원에서 요청되는 헌법적 가치일 수밖에 없기 때문이다.

그러나 이처럼 당연하고 합리적인 헌법해석은 사법 현실에서 아주 쉽게 무시되고 있다. '사법적 대표로서의 법률가'라는 명제는 일반 시민들은 물론 판검사들이나 심지어는 법학교수들에게까지 대단히 생경한 것으로 받아들여진다. 이들 모두에게 사법권은 으레 사법시험에 합격한 법률가들이 독점하는 또 그래야 정당한 것이며, 이 점에 관하여는 어떠한 문제 제기도 불필요하다. 헌법이 요구하는 사법의 민주성은 사법의 독립성으로 간단히 대체되며, 그것은 다시 '사법은 법률가들의 독점영역'이라는 불가침의 명제로 고착되어 있다.

이처럼 '사법적 대표로서의 법률가'라는 헌법 규범과 '사법은 법률가들의 독점영역'이라는 헌법 현실 사이에는 엄청난 괴리가 존재한다. 여기서 중요한 것은 그럼에도 불구하고 사법의 현실이 마치 아무런 문제 없는 것처럼 돌아가고 있다는 점이다. 이는 그와 같은 괴리를 유지·관리하는 사법적 헤게모니(judicial hegemony), 즉 헌법 규범과 헌법 현실의 명백한 간극에 터 잡은 권력적 지배관계의 현존을 드러내는 동시에 그에 대한 법사회학적 해명의 필요성을 강하게 부각한다.

법사회학의 다양한 흐름 가운데 이러한 종류의 법사회학적 발상은 대개 형식적 법규범 바깥의 살아있는 법을 사회학적 방식으로 추구하려는 흐름과 형식적 법규범 그 자체를 계급관계를 비롯한 기타 사회관계의 반영으로 분석하려는 흐름의 사이에서, 주로 지배와 그 정당화를 초점으로 법규범과 법현실 사이의 간극을 역동적으로 추적하려는 흐름에 연결된다. 제3의 접근은 다른 두 접근이 공유하는 법규범과 법현실의 이원론적 이해를 비판하면서, 양자의 간극을 채우는 이데올로기, 관행, 조직문화, 도덕, 상식, 습관, 이미지 등을 특히 권력관계의 입장에서 분석하는 것이 법사회학의 본령이 되어야 한다고 강력하게 주장한다.[12]

이와 같은 맥락에서 살필 때, '사법은 법률가들의 독점영역'이라는 명제는 많은 의문점을 내포하고 있다. '사법적 대표로서의 법률가'라는 명백한 헌법규범에도 불구하고 그 명제의 정당성이 의심되지 않는 이유는 무엇인가? 그것은 누구에 의하여 어떻게 만들어지고 또 어떤 방식으로 유포되며 관리되고 있는가? 현실 속에서 그 명제의 정당성을 뒷받침하고 있는 제도적, 비제도적 장치들에는 어떤 것들이 있는가? 잠재적으로 그 명제의 정당성을 위협할 수 있는 다른 명제들은 무엇이며, 그것들은 또 어떻게 대중의 인식으로부터 배제되고 있는가? 이와 같은 의문점들 가운데 이 글은 일단 가장 접근하기 쉬운 것, 즉 '현실 속에서 이 명제의 정당성을 뒷받침하고 있는 제도적, 비제도적 장치들은 무엇인가?'라는 물음에 부분적으로 답해 보려고 한다.

사법적 헤게모니를 '사법과정에서 법률가집단이 다른 사회집

---

12 법사회학사를 3개의 다른 흐름으로 이해하는 것은 일차적으로 만프레드 레빈더로부터 시사받은 것이다.(M. 레빈더, 위의 책, 특히 제3장 제3절)

단들에 대한 지배를 관철하는 과정에서 그 정당성에 관한 동의를 이끌어내는 사회적, 문화적 힘'이라고 정의할 수 있다면, 한국 사회의 현실에서 가장 시급한 것은 무엇보다 그 힘이 작동하는 메커니즘을 확보하는 것이다.[13] 이 글은 그 작업을 포항의 법률가에 대한 법사회학적 소묘를 통하여 시도하고자 한다.

앞에서 언급했듯이, 이 글은 사법과정을 '법규범의 해석을 통한 권력의 매개'를 중심으로 표상 정치가 이루어지는 특수한 대표과정으로 전제한다. 확언컨대, 이러한 접근은 사법과정을 민주정치와 분리하면서도 그 본질을 제대로 통찰하지 못한 채, 삼권분립원리에 기대어 끊임없이 사법의 독립만을 되뇌어 온 종래의 접근에 비하여, 몇 가지 명백한 유익을 제공한다.

예를 들어, 법률가양성제도의 개혁논의와 같은 사법과정의 고질적인 문제들을 근본적으로 사법적 대표과정의 병목현상에 연결하여 분석할 수 있다는 것이 그 하나라면, '사법의 민주화'를 '사법의 독립'과 분리하지 않고, 오히려 양자를 사법적 표상

---

[13] 성공적인 헤게모니는 지배 계급의 이해(利害)를 표현할 뿐만 아니라 종속된 집단으로 하여금 그것을 '자연스러운 것'으로 혹은 '상식'의 문제로 간주하게 만들 수 있다. 대표적인 이론가인 안토니오 그람시에 의하자면, 이런 동의의 자세는 사회적 생존의 모든 측면, 즉 제도, 관계, 사상, 도덕 등에 퍼져 있다. 요컨대 헤게모니란 '자연스럽거나 자명한 것으로 기능하는 통합적 관계망'이다.(김성국, 『안토니오 그람시의 헤게모니 이론』, 한울, 1995)

정치의 차원에서 하나로 연결하여 설명할 수 있는 것이 다른 하나이다. 그리고 이 후자의 차원을 확보할 때, 우리는 비로소 사법과정을 '주권국가 유일주의'에 입각하여 위에서 아래, 중심에서 주변으로 향하는 고정된 관점이 아니라, 아래에서 위, 주변에서 중심으로 향하는 정반대의 관점에서도 관찰하고 분석할 수 있게 되는 것이다.

물론 사법과정을 표상 정치의 문제로 이해하는 것은 이처럼 위에서 아래, 중심에 주변이라는 기존의 관점을 뒤집어 보기 위한 목적만을 가지는 것은 아니다. 오히려 그 근본적인 지향은 모든 문제를 위와 아래, 중심과 주변의 관점에서 분해하여 그 가운데 어떤 방향성을 만들어내는, 너무도 익숙한 고정관념 자체에 이의를 제기하면서, 모든 사람과 모든 지역과 모든 현장이 각각 제 나름의 가치를 발현할 수 있는 이론적 플랫폼을 만들어 보려는 것이다.

이러한 관점에서 이 글은 한국 사회의 사법체제에서 흔히 말단 또는 주변으로 치부되기 십상인 포항의 법률가를 법사회학적으로 소묘해 보고자 한다. 일단 사법적 거버넌스와 로컬리티의 문제를 이론적으로 살펴두는 것에서 논의를 시작해 보자.

II

사법적 거버넌스와 로컬리티

본격적인 이야기를 시작하기 전에, 비교적 최근, 대구지방법원 포항지원의 한 법정에서 벌어졌던 흥미로운 장면 하나를 소개하고자 한다. 때는 2022년 12월 22일 목요일 오후 2시였고, 장소는 민사재판과 가사재판이 주로 열리는 제8호 법정이었다. 심리 대상은 원고 강모 외 1천 71명, 피고 대한민국 외 2명이 다투고 있는 이른바 '11·15 포항지진 손해배상사건'이었다.

잘 알려져 있듯, 이 재판은 2017년 11월 15일 포항 지역에 발생했던 포항지진에 관련된 것이었다. 원고들은 2019년 3월 20일 정부조사연구단이 1년여에 걸친 활동을 통해 포항지진이 지열발전으로 인한 촉발 지진이었음을 공식적으로 발표한 뒤, 집단적으로 소송을 제기했던 지진 피해 당사자들의 일부였다. 이와 유사한 집단 소송이 줄잡아 10여 건이 넘게 포항지원에 제기되었고, 소송 인원도 수만 명에 달하는 것으로 알려졌다. 2019년 하반기에 시작된 변론 절차는 2020년 2월 이후 시작된 코로나-19사태로 잠정 중단되었다가 2021년에 재개되었으며, 그 사이인 2020년 4월 1일부터 국회가 제정한 '포항지진의 진상조사 및 피해구제 등을 위한 특별법(약칭: 포항지진피해구제법)'이 시행되었다.

이 소송의 쟁점은 포항지진을 촉발한 국가 등의 지열발전실증사업 관련 행위와 원고들이 입은 손해 사이에서 인과관계를 입증하는 문제였고, 더 정확하게는 소송을 제기한 원고 측이 그와 같은 입증책임을 다할 수 있는가의 문제였다. 이와 연결된 쟁점인 손해배상의 범위 문제는 사실상 정신적 손해배상의 범위 문제로 좁혀졌다. 포항지진피해구제법이 피해구제의 범위에서 정신적 피해보상을 제외한 까닭이었다. 변론 과정에서는 원고와 피고 측의 치열한 신경전이 벌어져서, 특히 인지대 등 소송비용 문제를 두고 원고를 대리하는 법무법인 광복이 소송구조신청 및 소송 전에 피고(대한민국, 넥스지오, 포스코)가 소송비용을 미리 지급하라는 신청을 내기도 했다. 하지만, 법원은 이를 모두 기각하고, 원고 측에게 일단 인지대 등을 부담하도록 했다.

 2022년 12월 22일에 열린 공판의 초점은 원고 측에서 본진과 여진으로 인한 정신적, 재산적 피해 금액을 구체적으로 산정하여 제시하는가였다. 하지만 원고 측 변호인은 본 소송의 특성상 피해 당사자 다수와 연락이 어려워서 소송 준비에 시간적 여유가 필요하다고 호소하면서 재판기일의 연기를 재판부에 요청하였다. 재판장은 피해 규모 등에 대해 큰 틀에서 정리할 필요가 있다고 지적하면서도, 원고 측 변호인의 요청을 받아들여 공판을 6개월 뒤인 2023년 6월 22일 오후 2시로 미루도록 결정했다. 이로써 당시까지 4년여를 끌어온 포항지진 관련 손해배상소송의 제1심 재판절차는 다시 6개월이 연장되었다. 기대를 안고 법정에 모였던 피해자 포항시민들은 저간의 사정을 이해하면서도 계속하여 늘어지기만 하는 재판 진행에 대하여 이곳저곳에서 불만과 아쉬움을 토로했다.

포항의 법률가에 대한 법사회학적인 소묘를 위해서는 당연히 포항이라는 사회 그 자체에 대한 스케치와 포항 사회를 지배하는 사법적 권력체제의 구조 및 형성과정에 대한 고찰이 선행되어야 한다. 포항의 법률가는 바로 그와 같은 배경 위에서 살아가고 있기 때문이다. 하지만 이러한 고찰보다 먼저 시도되어야 할 것은 포항의 법률가를 바라보는 기존의 시각에 대한 재검토이다. 이는 사법적 거버넌스의 골격과 원리에 대한 이해와 함께 로컬리티의 관점에서 그 이해 자체를 근본적으로 보완하려는 접근 방식을 요구한다. 이와 같은 작업은 아마도 포항의 법률가 자신이 가지고 있을 법한, 그리고 어쩌면 그에 관하여 약간의 의문과 불만을 쌓아오고 있을 법한, 사법적 거버넌스에 대한 전복적 이해를 촉발할 수도 있을 것이다.

이런 점에서 위에서 묘사한 대구지방법원 포항지원 법정의 한 장면은 포항 사회를 지배하는 사법적 거버넌스를 적나라하게 보여 준다. 대한민국 국민이라면 누구라고 그 모습을 아주 익숙하게 확인할 수 있다. 포항 지역에서, 포항에 사는 사람들에게,

대한민국이 잘못을 해서 벌어진 손해배상사건을, 대한민국이 제정한 법률에 따라, 대한민국의 법원이 운영하는 법정에서, 대한민국의 법원이 파송한 판사가 진행하는 모습이다. 기실 이 모습은 너무도 당연해서 어떠한 문제 제기가 가능할지 의문스러울 정도이다.

그러나 과연 그럴까? 내가 주목하려는 것은 국가의 잘못으로 벌어진 사태에서 피해를 당한 뒤, 국가를 상대로 소송을 제기하고 억울함을 호소하고자 법정에 모인 다수 포항시민의 복잡미묘한 이중적 분위기이다. 한쪽에는 서울에서 만들어져 내려온, 즉 여의도의 대한민국 국회가 입법하고 대통령이 공포하여 효력을 갖게 된 법률과, 이 법률을 해석·적용하기 위하여 역시 서울에서 만들어져 내려온, 즉 헌법과 법원조직법에 따라 대법원장과 대법관과 그 외의 법관들을 임명하여 조직된 법원 및 판사들이 존재한다. 그리고 그 반대편에는 이 둘의 합성 작용을 통해 장래에 내려질 사법적 판단에 대하여 늘 그래왔듯이 잠자코 복종하려는 분위기가 존재한다. 하지만 적어도 이 사건 법정 속에는 그와 동시에 도대체 그 법률과 그 법원과 그 판사와 그 사법적 판단이 피해자 포항시민의 억울함과 어처구니없음과 노여움을 담아낼 수 있을까 하는 불만스러운 분위기가 감돌고 있다. 전자의 복종하려는 분위기가 사법적 거버넌스의 제도에서 비롯되는 사뭇 딱딱하고 고집스러운 느낌이라면, 후자의 불만스러운 분위기는 그 제도가 포항 사회 또는 포항 사람들이라는 구체적인 현장에 놓였을 때 비로소 드러나는 답답하고 어색하며 꺼림칙한 느낌이다.

나는 이 둘 가운데 후자야말로 포항 사회를 지배하는 사법적 거버넌스에 가히 질식할 정도로 눌려 있는 '로컬리티'(locality, 삶의 구체적 현장성 또는 이에 대한 관심)의 요청, 또는 그 희미한 자취가 아닐까 생각한다. 포항의 법률가에 대한 법사회학적인 소묘를 위해서는 이처럼 희미하고 불명확한 자취를 실마리로 삼아서 너무도 익숙한 사법적 거버넌스의 토대를 무엇보다 로컬리티의 관점에서 살펴보기 시작해야 한다. 대한민국의 헌정사 및 사법사를 배경으로 포항이라는 사회에 드리운 사법적 권력체제를 조감하는 작업은 다음 장으로 미루고, 여기서는 먼저 사법적 거버넌스와 로컬리티의 문제를 이론적 차원에서 짚어보고자 한다.

앞에서 이미 설명한 사법과정의 정상이론을 환기하는 지점에서 이야기를 시작해 보자. 여기서 사법과정의 결정적인 문제 중 하나는 다수결주의가 작동하는 민주적 정치과정을 통해서 독립성, 공정성, 불편부당성을 갖춘 제3자를 확보하기가 매우 곤란하다는 점이다. 다수결로 재판관을 뽑으면 소수자들로부터 재판관의 독립성, 공정성, 불편부당성에 관한 이의가 제기되는 사태를 피할 수 없기 때문이다. 사법과정의 정상이론은 대개 이러한 맥락에서 로컬리티에 반대되는 외부의 권력이 민주적 정치과정과는 다른 방식으로 개입하는 것을 적극적으로 용인한다. 사법과정의 안정을 위해서는 민주적 정치과정의 바깥에 제3의 국가권력을 확립해야 하고, 이 제3의 국가권력이 공정하고도 불편부당하게 사실을 확인하고, 규칙의 해석과 적용을 통해 판결을 선고하는, 독립된 재판관을 파송해야 한다는 것이다. 사법과정의 정상이론은 이와 같은 담론을 '법치주의'(rule of law) 또는 '적법절차'(due process of law)로 정당화하면서, 각 지역의 공동체에게 이를 받아들이고 또 복종할 것을 요구한다.

포항 사회를 지배하는 사법적 거버넌스의 배후에는 이와 같은 사법과정의 '정상이론', 즉 삼각 구도의 논리가 존재한다. 그렇다면 이에 대하여 로컬리티의 관점에서는 어떠한 문제 제기가 가능할까? 나는 크게 세 가지 초점에서 사법적 거버넌스에도 로컬리티의 요청이 필연적으로 제기될 수밖에 없다고 생각한다. '사실'(fact), '사람'(person), '법'(law), 이렇게 셋이다.

첫째, 너무도 당연한 말이지만 '사실'(fact)은 언제나 로컬리티와 함께, 아니 로컬리티로서 존재한다. 달리 말해, 사실은 항상 로컬의 사실, 즉 구체적인 시공간적 맥락을 가지는 현장의 사실이다. 로컬리티를 갖지 못한 사실은 본질적으로 추상적인 관념이며, 따라서 단지 관념으로서 존재할 수 있을 뿐, 결코 사실이 될 수 없다.

사법과정을 통한 해결을 요청하는 갈등과 분쟁은 대부분 '사실'의 확인에 관한 당사자 사이의 불일치에서 비롯된다. 따라서 이 불일치를 해소하여 '사실'을 확정하지 못하면 사법과정은 어떤 경우에도 최종적인 사법적 판단, 즉 판결의 선고로 나아갈 수 없다. 그렇다면 사법과정은 어떻게 '사실'의 확정을 달성할 수 있을까?

이 질문에 대한 답변을 위하여 사법과정은 오랜 경험을 통해 증거재판주의라는 법적 원리를 발전시켜왔다. 이는 '사실'의 확정이 단순한 주장이나 추정이 아니라 분쟁 또는 사건 현장의 구체적인 시공간적 맥락을 증명하는 물적, 인적 증거에 의하여 합리적으로 뒷받침되어야 한다는 원칙으로서, 한마디로 로컬리티가 사실 확정의 근거가 되어야 한다는 말이다. 사법과정에서 문제되는 사실은 항상 로컬의 사실, 즉 구체적인 시공간적 맥락을 가지는 현장의 사실이므로, 그 현장에 남은 자취를 증거로 확보하여 이를 통해서만 사실을 증명해야 한다는 것이다.

물론 실제의 사건 진행에서 증거재판주의는 서로 모순되는 사실관계의 주장 및 증거들로 인하여 혼란에 빠지는 경우가 다반사이다. 따라서 사법과정은 이를 극복하기 위한 대책을 궁리하지 않을 수 없었으며, 장구한 역사를 통해 정립된 성과들 가운데 첫 손에 꼽히는 것은 바로 증거 법칙들이다. 증거 법칙들은 모순되는 증거들 가운데 더 신뢰할만한 것들을 덜 신뢰할만한 것들로부터 일차적으로 구별하기 위하여 증거의 자격을 평가하며, 자격을 갖지 못한 증거들을 사실 확정의 근거로부터 배제한다. 전문증거나 위법수집증거의 배제에 관한 형사절차 상의 법리들이 어떻게 작동하는지는 오늘날 매스미디어에 오르내리는 유명인들의 형사사건을 통하여 대중에게 잘 알려져 있다.

그러나 여기서 주의할 것은, 증거 법칙은 어디까지나 증거의 자격에 관한 것이므로, 증거 법칙이 증거 자체보다 더 중요하게 취급되어서는 안 된다는 점이다. 증거 법칙은 증거의 자격을 평가하여 사실 확정의 토대로 삼기 위한 것이지, 자격을 갖춘 증거로 사실 자체를 재구성하기 위한 것은 결코 아니기 때문이다. 이때의 증거는 앞서 말한 대로 분쟁 또는 사건 현장의 구체적인 시공간적 맥락에 관한 '로컬의 사실들'을 말한다.

이처럼 증거 법칙의 검증을 통과한 증거들 가운데 어떤 것을 신뢰하고 어떤 것을 배척할지는 이른바 자유심증주의에 맡겨진다. 하지만 이때의 자유심증 또한 증명력의 차이가 명백하다면,

언제나 더 높은 증명력을 가진 증거를 사실 확정의 근거로 삼아야 한다는 규범적인 방향성을 가지고 있다. 요컨대, 사법과정의 사실 확정에서 열쇠말들인 사실, 증거, 증거 법칙, 증명력, 자유심증 등은 모두 로컬리티에 대한 일관된 지향성을 내포하고 있다는 것이다.

둘째, '사람'(person) 역시 로컬리티의 요청을 담고 있다. 우선 분쟁이나 사건의 당사자들인 소송의 원고와 피고는 자신들 사이에 구체적인 시공간적 맥락을 공유한다는 의미에서 로컬리티와 함께 존재한다. 사법과정에서 원고와 피고는 자신의 청구를 포기하거나 상대방의 청구를 인용하거나, 또는 제3의 대안에 합의하는 방식으로 언제든 분쟁 상황에서 탈출할 수 있는데, 그 이유는 이들 사이에 비록 훼손되었을지언정 구체적인 시공간적 맥락을 가진 현장이 존재하며, 따라서 그 회복 또는 대체를 통하여 언제든 로컬리티를 회복하거나 새로운 로컬리티를 공유할 수 있기 때문이다. 문제는 이와 같은 로컬리티의 회복 또는 새로운 로컬리티의 공유가 이루어지지 않아 당사자들로부터 독립되어 있으면서 공정하고도 불편부당하게 행위하는 제3자, 즉 재판관이 바깥에서 개입할 수밖에 없는 상황에서 발생한다. 이때의 재판관(제3자)과 로컬리티의 요청은 어떠한 관계에 놓이는가?

결론부터 말하자면, 이러한 재판관 역시 로컬리티의 요청을 받아들이지 않으면, 다시 말해, 분쟁이나 사건의 구체적인 시공간적 맥락을 공유하지 않으면 도무지 최종적인 판결 자체를 내릴 수 없다. 재판관은 추상적이고 보편적인 존재인 '인간'(human) 또는 '개인'(individual)의 차원에 머물러 있어서는 아니 되고, 어떻게 해서든 구체적인 시공간적 맥락을 가진 현장의 존재가 되어야 하기 때문이다. 비유적으로 말하자면, 사법과정에서 최종적인 판결을 내놓은 재판관은 어디까지나 자신의 고유한 얼굴과 이름을 가진 '사람'(person)이 되어야 한다. 모든 판결서의 끄트머리에 재판관이 자신의 고유한 이름을 적고 서명을 남기는 까닭은 그가 바로 이러한 의미의 '사람'이기 때문이다.

이렇게 볼 때, 앞에서 말한 사실의 확정 과정은 재판관이 '사람으로서' 로컬리티의 자장 속으로 얽혀 들어가는 과정이나 다름없다. 물론 이 경우 재판관이 경험하는 로컬리티는 바깥으로부터 개입해 들어오면서 적법절차(due process of law)에 따라 원고와 피고의 주장과 입증을 비교적 공정하게 정돈한, 이를테면 법적으로 재구성된 로컬리티이다. 따라서 원고와 피고가 공유하고 있었던 원래의 사실적 로컬리티와 제3자인 재판관에 의해 재구성된 법적 로컬리티 사이에는 언제나 간격이 벌어질 수밖에 없다. 사법과정에 대한 시민의 신뢰도는 이러한 간격의 크기, 그리고 이를 줄이기 위한 효과적인 방책의 유무 및 그 현실적인 작동 여부와 직접 관련된다.

사실적 로컬리티와 법적 로컬리티 사이의 간격을 줄이기 위한 방책들 가운데는 법적 로컬리티 쪽에서 접근하는 것들도 적지 않다. 예를 들어, 재판관에게 청렴과 결백을 요구하는 직업윤리적 요청이라든지, 재판관의 독립이나 공정, 불편부당성이 훼손될 위험이 있을 때를 대비한 절차적 대비책들, 즉 제척·회피·기피 제도, 항소·상고·항고·재심 제도, 판사의 징계 및 탄핵 제도, 사법방해죄나 법왜곡죄 등이 그러하다.

반면 사실적 로컬리티 쪽에서 접근하는 것들 역시 존재한다. 대표적인 방책은 재판관을 너무 멀지 않는 바깥에서 구하는 것이다. 지역성 및 전문성에 따라 법원의 토지관할 및 사물관할을 배분하는 원리는 가능한 한 사실적 로컬리티의 기본적인 맥락을 공유하는 지역 및 전문 영역에서 적어도 사실 확정을 주도하는 최초의 심급을 진행하도록 하는 것이다. 또 다른 예로서 사법적 판단의 권한 자체를 기능적으로 분리하여 재배치하는 것을 들 수 있다. 현장으로부터 먼 상고심과 같은 법률심 재판으로부터 사실 확정에 관한 일체의 권한을 배제하거나, 참심제 또는 전문법원제도를 통하여 각 직역의 전문가 재판관을 적극적으로 활용하거나, 아예 최초의 심급에서 기소와 심리에 관한 사법적 판단권을 재판관이 아니라 일반 시민들로만 구성된 배심에게 부여하거나, 검사나 판사 등을 공선하는 제도 등이 그러하다.

    셋째, '법'(law) 또한 로컬리티의 요청에서 예외가 될 수 없다. 오늘날의 '주권국가 유일주의'에서 법은 대개 국가의 법, 즉 주권국가의 의회가 제정한 법률과 집행부의 수장인 대통령이나 내각이 법률의 위임을 받거나 법률을 집행하기 위하여 제정한 명령 등으로 동일시되곤 한다. 이는 흔히 로컬리티와 아무런 상관이 없거나 심지어 로컬리티와 반대되는 것으로 생각되기도 하지만, 기실 그 저변에는 여전히 로컬리티의 차원이 존재하고 있다. 왜냐하면 이른바 영토, 영공, 영해의 개념에 전제되어 있듯이 주권국가 유일주의는 로컬리티의 차원을 주권국가의 평면으로 확대한 것이며, 그러한 맥락에서는 여전히 '땅의 규범'이라는 의미에서 로컬리티의 요청을 담고 있기 때문이다. 예를 들어, 정당한 사유가 없는 한 자신이 몸담은 바로 그 주권국가의 법에 따라 재판을 받을 수 있는 시민의 권리, 즉 헌법상 기본권으로서의 재판청구권은 주권국가 차원의 로컬리티를 전제한다.

    그러므로 주권과 로컬리티 가운데 법에서 더욱 근원적인 차원에 놓인 것은 단연 로컬리티이다. 장 보댕과 같은 서구의 근대 정치이론가들이 주권이라는 신학적 개념을 세속화하여 주권국가를 구상하기 전에도 법은 항상 로컬리티와 함께 존재했기 때문이다. 이를 여실히 증명하는 것은 주권국가의 의회나 재판소에 의하여 공적으로 확인되기 전에도 정치공동체 구성원의 묵시적 동의를 통한 관습법이 보편적으로 존재해왔다는 사실이다. 영국 헌정사의 대헌장(Magna Carta)에서 볼 수 있듯, 커먼로 전통(Common law tradition)에서 이 점은 시민의 자유를 제한하려면 반드시 그 시민의 거주하는 지역의 로컬리티가 담겨 있는 법(the law of the land)에 따라야 한다는 사상으로 표현되었다.[14]

문제는 주권국가의 법체계가 자유 시민이 실제로 살아가는 로컬리티의 차원을 담기에 너무 크고 추상적인 경우가 많다는 사실이다. 이에 대처하기 위한 대책으로는 연방주의를 포함하여 다층의 정치공동체에 적절한 수준의 자치권, 특히 자치입법권을 배분하는 체제와 함께 이른바 '보충성의 원리'(the principle of subsidiarity)를 헌법적 원리로 수용하는 것이 대표적이다. 이는 자유 시민이 실제로 살아가는 로컬리티의 차원에 더 가까운 정치공동체가 그로부터 덜 가까운 정치공동체에 비하여 법적 권능의 측면에서 본질적인 우선권을 가져야 한다는 의미이다.

---

14 제레미 월드론에 따르면 이러한 흐름은 적어도 영미전통에서 민주적 입법의 정당화 근거로 작용하기도 했다.(Jeremy Waldron, *Law and Disagreement*, Oxford University Press, 1999, Part. 1)

보충성의 원리에 따르면 로컬리티의 차원에 더 가까운 정치공동체가 스스로 법규칙을 정하여 해결할 수 있는 사안들에 덜 가까운 정치공동체가 개입하는 것은 그 자체로서 헌법에 어긋난다. 이는 입법이나 행정에서만 그런 것이 아니라 사법의 경우도 마찬가지이다. 사법적 거버넌스의 조직법은 예컨대 사실심과 법률심을 분리하거나, 일반 시민으로 구성된 배심에게 사실 확정의 전권을 부여하거나, 사실심으로부터 시작되는 심급제도를 창설하는 등의 방식으로 더 가까운 정치공동체의 로컬리티를 우선적으로 반영하게 된다.

이상에서 살핀 바와 같이 사법과정을 삼각 구도로 이해하는 '정상이론'에도 불구하고 '사실', '사람', '법'의 세 측면에서 로컬리티의 요청은 끊임없이 제기될 수밖에 없다. 그렇다면 이러한 통찰에 따를 때, 사법과정의 삼각 구도는 과연 그대로 유지될 수 있을까? 민주정치, 즉 자치를 로컬리티의 관점에서 이해할 경우, 구체적인 시공간적 맥락을 가진 삶의 현장에서부터 자치가 시작되어야 한다는 분권의 이념은 당연한 출발점이 된다. 그리고 이와 같은 의미의 자치와 분권은 사법과정에도 당연히 적용되어야 한다.

고대 그리스에서 시작된 민주정치의 이념은 시민권(citizenship)을 폴리스, 즉 정치공동체의 의회와 법정에 참여하여 자치를 실현하는 권리이자 의무로 이해해 왔다. '주권국가 유일주의'에 따르면, 이때의 폴리스는 오로지 주권국가로 제한될 수밖에 없다. 그러나 위에서 설명했듯이, '사실', '사람', '법'의 세 측면에서 항상 제기되는 로컬리티의 요청을 따를 경우, 폴리스의 범위에는 각 지역의 자치공동체들도 당연히 포함되어야 하며, 이른바 전문적인 직역의 영역까지 확대되어야 마땅하다.

이처럼 각 지역과 직역의 자치공동체들을 대한민국과 마찬가지의 폴리스로 이해한다면, 그 각각에서 자유 시민들이 의회의 입법과정과 법정의 사법과정에 참여하여 자치를 실현하는 것은 매우 자연스럽다. 대한민국 헌법 제1조에 의할 때, 대한민국의 사법 권력은 다른 모든 권력과 마찬가지로 대한민국이라는 국가로부터가 아니라 '(대한)국민'으로부터 나온다. 그것은 헌법에 의해 창설'되'는 대한민국(헌법의 목적어)의 권력이기 이전에 그 헌법에 의해 대한민국을 창설'하'는 대한국민(헌법의 주어)의 권력이다. 이 대한국민은 각자의 삶이 꾸려지는 로컬리티의 현장에서, 입법과정은 물론 사법과정에서도, 자치를 실현한다.

이와 같은 관점에 설 경우, 앞에서 말한 사법과정의 정상이론은 수정이 불가피하다. 무엇보다 원고와 피고, 그리고 제3자(재판관)로 구성된 삼각 구도의 이미지는 이를테면 사각 구도 또는 마름모의 이미지로 대체될 수밖에 없기 때문이다.[15] 사법과정의 시민적 자치, 즉 시민의 사법 참여는 재판관이 차지한 제3점과 대칭되는 지점에 또 하나의 점(제4점)을 상정하고, 그로부터 원고, 피고, 재판관을 연결하여 사각 구도를 완성한다. 그 결과 사법과정의 이미지는 마름모, 즉 다이아몬드와 같은 정사각형으로 바뀌게 된다. 이때 제4점은 시민들의 대표, 즉 배심의 자리이다. 법정을 뜻하는 영어 단어 'court'는 그 말뜻부터가 정삼각형이 아니라 사각 구도 또는 마름모꼴로 고안된 시민적 자치의 공간을 가리키고 있다.

시민의 사법 참여를 원칙으로 놓고, 그 관점에서 사법과정을 마름모꼴로 이해할 경우, 정상이론에 내포된 사법과정의 딜레마는 상당히 완화된다. 시민의 사법 참여를 통해 민주적 정당성이 보완될 뿐만 아니라 사각 구도 또는 마름모꼴의 법정을 운영하는 과정에서 법률가와 시민 대표(배심) 사이의 분업과 협업이 강화되기 때문이다. 법률 판단과 재판 진행을 법률가가 담당하고 유무죄의 사실 판단을 배심에게 맡기는 것이 분업이라면, 재판관의 주재 아래 검찰과 변호인이 치열한 공격과 방어를 진행하고 그 결과를 배심에게 판단하도록 하는 것은 협업이다. 이와 같

---

15   이국운, 「(사법)정의: 법과 정의의 단절을 어떻게 극복할 것인가?」, 참여연대 편, 『반성된 미래-무한 경쟁 시대 이후의 한국 사회』, 후마니타스, 2014, 제2장 참조

은 분업과 협업을 통해서 도출된 결론은 민주적 정당성을 갖지 못한 재판관의 고독한 결단보다 더욱 합리적일 것을 기대할 수 있다.

　이 새로운 이론에서 사법과정은 제3점의 재판관과 제4점의 배심이 팽팽하게 긴장하면서 대칭을 이루어가는 역동적 자치의 과정이 된다. 나아가 문제되는 '사실'이 무엇이냐에 따라 지역성과 전문성의 관점에서 로컬리티의 요청 또는 분권의 이념과도 충분히 조화될 수 있다. 이 과정에서 사법과정은 보편적 정의가 지배하는 합리적인 공론 마당으로서, 숙의를 거쳐 법의 지배가 실현되는 전면적인 교육과정으로 변모한다. 구미의 정치이론가들이 배심재판을 소위 '함께 생각하는 민주정치'(deliberative democracy)의 전형으로 지목하는 이유는 바로 이 때문이다.

　이처럼 사법과정에도 '사실', '사람', '법'의 각 차원에서 분권과 자치의 계기가 존재한다. 따라서 이로부터 현실을 개혁할 방향을 모색할 수도 있다. 먼저 '사실'에 바탕을 둔 자치는 그 자체로서 분권의 이념과 상통한다. 예컨대 사실심 중심의 법원 운영이나, 전문법원체제의 도입 등이 그러하다. 이를 위해서는 우선 '사실'의 발견은 사태가 발생한 콘텍스트에 가까울수록 용이하다는 상식이 받아들여져야 한다. '최초의 사실심'인 1심은 '최후의 법률심'인 상고심과 동등한 가치를 지니며, 사실의 확정에 관한 오히려 압도적인 권위를 지닌다는 명제가 확인되어야 한다는 것이다.

또한 사법과정 내부에 존재하는 '사람'들의 기능적 역할 구분을 분권의 제도적 계기로 활용할 필요도 있다. 사실의 조사, 공소 및 변론, 판결, 상소, 법률심, 헌법해석 등에 관련된 각각의 법 역할들은 분권사법의 출발점이 될 수 있다. 규문주의에서 탄핵주의로 형사소송의 대원칙이 바뀌면서 검찰이 법원으로부터 분리되고, 원래 법원의 통제를 받던 변호사회가 시간이 지나면서 자율성을 강화해온 것 등은 이러한 변화의 역사적 예증이다. 여기서 더 나아가 좁은 의미의 사법권인 재판권과 법관인사권한을 포함한 사법행정권을 분리하거나, 검찰이 행사하는 기소권과 검찰의 구성 권한을 분리하는 방향으로 사법과정의 분권을 추진해 갈 수 있다.

이 과정은 당연히 '법률에 초점을 맞춘 자치'라는 개념과도 자연스럽게 연결된다. 대한민국의 국회가 만든 대한민국의 법률을 대한민국 정부가 집행하고 이에 대한 분쟁을 대한민국의 법원이 해석 적용하듯이, 자유민주주의는 '사실'을 공유하는 시민들의 참여와 동의를 통하여 '규칙'을 입법할 것을 예정하고 있기 때문이다. 대한민국이라는 단 하나의 거대한 동그라미만으로 대한국민의 자치를 실현하는 것은 불충분하고도 위험한 선택이다. 집단적 삶의 다양한 차원을 반영하는 작은 의회와 큰 의회가 있어야 하며, 작은 법정과 큰 법정이 있어야 하고, 이들 사이에 중층적 구조가 존재해야 한다. 이 의회들과 법정들은 우선 각각의 내부에서 서로를 감시하는 동시에 서로에 대하여 정당성을 주장할 수 있도록 배치되어야 하고, 나아가 공간적 차원에서 권력의 견제와 균형을 제도화해야 한다.

그러나 포항의 법률가에 대한 법사회학적인 소묘를 위하여 이 글이 먼저 마주해야만 할 포항 사회의 사법적 거버넌스에서는 유감스럽게도 로컬리티의 요청에 부합한 자치와 분권의 모습이 아직 잘 그려지지 않는다. 이 장의 첫 부분에 간략히 언급한 포항지진에 관한 집단적 손해배상 청구사건의 공판 모습은 포항 사회의 사법적 거버넌스에 가히 질식할 정도로 눌려 있는 '로컬리티'(locality)의 요청을 어렴풋하게 보여주고 있을 뿐이다.

솔직히 말해서 '사실', '사람', '법'의 어느 측면에서도 현재의 체제를 극복하거나 대체할 가능성은 지독하게도 찾기가 어렵다. 단지 앞서 말한 사법과정의 '정상이론'만이, 입법이나 행정과 별다른 관련을 갖지 못한 채, 아무런 울림도 없이, 덩그러니 드리워진 사법적 거버넌스를 정당화하고 있을 따름이다.

이러한 형편에 비추어 볼 때 포항의 법률가에 대한 법사회학적인 소묘는 아마도 새로운 시작을 위해 우리가 할 수 있는 최소한 준비작업일 것이다. 다만, 이를 위해서는 포항 사회를 지배하는 사법적 권력체제의 구조를 먼저 살펴볼 필요가 있다. 그리고 그렇게 하려면, 포항 사회에서 지금 우리가 법이라고 부르는 바로 그 근대법과 이를 운용하는 근대적 사법체제가 어떻게 자리 잡게 되었는지에 대하여 간략한 스케치부터 시도해야 할 것이다.

Ⅲ

포항 사회의 법

1995년 1월 1일부로 이웃 영일군과 통합되어 새롭게 출범한 포항시는 경상북도 동해안의 최대 도시로서 대략 1,100 평방킬로미터의 면적과 2023년 현재 내외국인을 합쳐 50만 명이 조금 넘는 인구를 보유하고 있다. 총인구의 40퍼센트가 못되는 정도는 과거 영일군 소속이었던 남북의 농어촌 지역에 살고, 그 외에 60퍼센트 이상은 영일만을 둘러싸고 형산강 하구의 북안과 남안에 형성된 비교적 좁은 시가지에 거주한다.

　근대 이전의 포항은 오랫동안 한반도의 남부 동해안의 수산업 중심지이자 연안 해운 기지였으며(포항창진), 구한말 이후 울릉도가 개척된 다음에는 울릉도를 오가는 정기여객선의 출발지로도 유명해졌다. 조선시대부터 동해안의 군사적 중심지 중 하나였고, 한국 전쟁 당시 격전을 치른 뒤엔 대한민국 해병대의 본향이 되었다. 하지만 현대의 포항을 대표하는 가장 중요한 상징은 단연 포항제철(현 POSCO)이다. 형산강 하구의 영일만을 면한 대송 지역의 해변과 평야지대를 수용하여 1970년대 초에 건설된 포항제철소는 불과 10여 년 만에 포항을 대한민국 제철 및 철강산업의 본거지로 만들었다.

　불과 30여 년 만에 서구선진국의 근대화 경험을 따라잡은 한국 사회의 근대화과정은 흔히 '압축 근대'라는 말로 요약되곤 한다. 같은 공간 속에 전근대와 근대, 그리고 탈근대의 모순이 동시에 존재하는 것을 나타내는 표현이다. 포항은 그와 같은 압축근대의 특징을 고스란히 보여주는 곳이다.

단적으로 인구구성의 변화가 그러하다. 1960년대 중반 포항은 약 6만여 명의 인구를 가진 동해남부선의 종착역 도시에 불과했다. 울릉도 여객선과 귀신 잡는 해병대를 제외하고, 이 작은 항구도시를 상징하는 대표적인 이미지는 울창한 소나무 숲이 너른 백사장과 어우러진 영일만 정중앙의 송도해수욕장 정도였다. 그러나 1960년대 말 포항제철의 건설공사가 시작된 이후 이러한 낭만적인 분위기는 급속도로 탈바꿈했다. 우선 인구는 매 10년마다 두 배로 증가하여 1970년대 중반에는 15만여 명, 1980년대 중반에는 28만여 명에 달했으며, 포항시와 영일군의 통합이 이루어진 1995년에는 급기야 50만 명을 돌파하기에 이르렀다. 형산강 삼각주는 포항제철의 건설 및 직강 공사의 와중에서 자취를 감추었고, 저지대의 매립과 복개를 통해 형산강의 북안에는 단기간에 현대적 시가지가 갖추어졌다.

오늘날 포항의 랜드마크(landmark)가 된 포항제철의 거대한 고로(高爐)들은 압축적 근대화를 통해 탄생한 새로운 산업도시를 상징한다. 4기에 걸친 포항제철소의 건설공사가 진행되는 동안 이 현대적 구조물을 보고 전국 각지에서 사람들이 몰려들었던 까닭이다. 1970년대에서 1980년대에 걸쳐 이루어진 포항 인구의 폭발적인 증가는 말할 것도 없이 포항제철과 그 배후에 조성된 철강산업단지의 고용창출이 직간접적으로 초래한 결과이다. 경상북도 동해안의 외진 도시라고는 도저히 생각할 수 없을 만큼, 포항 사회는 전국 각지에서 몰려든 다양한 사람들로 순식간에 북새통이 되었다. 서로를 알지 못하는 다양한 외지인들이 좁은 공간에서 익명의 관계로 살아가는, 말하자면 서울과 같은 근대적 대도시의 모습이 갑자기 포항 사회에 형성되었다.

그러나 포항 사회에 근대법이 등장한 맥락을 살피려면, 포항제철의 건설보다 훨씬 더 먼 과거로 시점을 거슬러 올라가야 한다. 최근 포항의 지역연구에 기념비적 연구를 출간한 서병철에 따르면, 포항이 경상북도 동해안의 항구도시로 본격적인 개발의 대상이 된 것은 일본인들의 한국 진출과 직접 관련된다고 한다.[16] 1901년 일본인 사업가 中俗竹三郞이 포항으로 이주한 뒤, 일본인들의 유입이 늘었고, 1918년 철도가 대구에서 포항까지 이어지면서 포항이 동해안의 수산물 유통중심인 식민도시로 건설되기 시작했다는 것이다. 이 일본인 사업가들에 김두하, 강주석, 김용주 등 지역상인들이 가세하여 1933년에는 포항상공회

---

16 서병철, 앞의 책(2023), 86면 이하

가 발족했고, 1941년에는 포항상공회의소가 출범했다. 이 과정에서 1926년에 불과 1만 명을 약간 상회하는 수준이던 포항의 인구는 1942년에는 3만 5천 명이 넘는 수준으로 늘었고, 해방 이후 일본인들이 돌아간 이후에도 비슷한 수준을 유지했다. 앞서 말한 대로 한국 전쟁 이후 포항은 해병대 주둔지가 되었고, 1962년에는 5.16 군사정권에 의하여 국제개항장(무역항)으로 지정되었다. 이 과정에서 포항의 인구는 꾸준히 늘어, 포항제철의 건설공사가 시작되기 직전인 1968년에는 7만 명을 조금 넘었다.

이처럼 포항제철의 등장 이전부터 근대적인 포항 사회가 애당초 일종의 식민개척도시의 모습을 띠면서 형성되었다는 사실은 포항 사회의 법을 이해하는데 핵심적인 관점을 제공한다. 주지하듯 근대법은 '자족적 존재로서의 자기 이해'와 '비대면적 인간관계'의 확산이라는 근대사회의 핵심 조건 속에서 형성되며, 그 특징은 법집행(law-enforcement)기구로부터 법획득(law-obtainment)기구가 분리되어 장기적으로 전자에 대한 후자의 이념적 우위가 체계적으로 관철되는 것이다.[17] 이른바 법치 행정의 원리는 공법의 영역에서 이러한 경향의 당위성을 압축한 표현이

---

17   이국운, 「정치적 근대화와 법」, 법철학연구 제2권, 1999

다. 잘 알려져 있듯이, 이때 법획득기구는 다시 법창조기구, 즉 의회와 같은 입법기구와 법발견기구, 즉 재판소와 같은 사법기구로 분화되어, 법집행기구와 함께 일종의 삼자 정립 구도를 형성한다. 헌법상의 삼권분립 원리는 그 표상이다.

그러나 근대적 통치의 현실에서 법치 행정이나 삼권분립과 같은 이념형적 형태는 다양한 모습으로 왜곡되기도 한다. 특히 식민통치권력이나 개발독재권력처럼, 통치의 효율성을 극단적으로 높여야 하는 통치 권력은 흔히 물리적 폭력을 합법적으로 독점하는 법집행기구를 최대한 활용하고자 시도한다. 이를 위해서는 의회나 재판소와 같은 법획득기구의 분리 또는 자율성 확보는 어떻게든 미루어지며, 법치행정이나 삼권분립의 원리 대신 법획득기구에 대한 법집행기구의 우위를 적극적으로 지향하려는 모습이 벌어지기도 한다. 그 단적인 표현은 비상사태를 빙자하여 군사정권을 수립하고 계엄령 통치를 일상화하는 것이다.[18] 이 경우 근대법은 의회나 재판소를 통한 자율적인 법획득 과정을 상실하고 사실상 법집행기구의 체계적인 명령체계로 축

---

18 "이중국가의 내적 체계에는 차이가 있겠지만, 식민지 법체계에서도 이중국가의 모습을 볼 수 있다. 독일 제3제국헌법이 계엄령(1933. 2. '민족 및 국가의 보호를 위한 라이히 대통령령')이었다면, [식민지] 조선의 '헌법'은 제국헌법의 천황대권에 관한 규정과 1911년(明治 44) 3월 25일 제정된 법률 제31호 '조선에 시행할 법령에 관한 건'이었다. 이 두 법이 합체된 식민지 '헌법'의 법적 본질은 계엄령이다." 문준영, 『법원과 검찰의 탄생-사법의 역사로 읽는 대한민국』, 역사비평사, 2010, 436면에서 인용

소될 수밖에 없다. 법치 행정이나 삼권분립은 단지 비상사태가 해소된 이후에 복원 또는 달성될 일종의 상징적 체제이념으로 왜소화된다.

서병철에 따르면 포항제철의 건설은 일제 강점기와 한국 전쟁을 거치면서 포항 사회가 원래 가지고 있었던 법집행기구의 우위라는 제도적인 특징을 극도로 강화하는 결과를 낳았다. 이러한 과정을 그는 도시 정치 분야에서 현대의 고전으로 손꼽히는 미국의 정치학자 클레어런스 스톤의 도시 레짐(urban regime) 이론을 포항 사회의 정치사회적 맥락에 맞게 재구성하여 적용하는 방식으로 설명한다.[19] 그 일차적인 분석결과는 1968년 포항제철의 설립을 주도하는 과정에서 등장했던 이른바 '중앙집권적 개발레짐'이 지난 50년간 포항의 도시 정치를 철저하게 지배해 왔다는 점이다. 흔히 '철강왕 박태준 사단'으로 일컬어지는 포항제철의 엘리트집단은 개발 의제를 추진하는 수행 네트워크와 경제 영역에서 지배력을 철저히 관철했고, 포항제철의 설립 이전부터 존재하던 정치·경제·사회·문화 영역의 지역 엘리트들은, 비록 간헐적인 갈등과 분쟁은 있었지만, 크게 보아 뚜렷한 저항 없이 그 지배력에 복속되었다. 이를 바탕으로 서병철은 철강도

---

19 서병철, 앞의 책(2023), 제2장

시 포항에 '비공식적 세력으로서 제도적 자원에 접근하여 안정적이고 지속적인 통치역량을 행사하는 도시 레짐'이 엄존한다고 결론짓는다.[20]

서병철의 분석에서 백미는 '중앙집권적 개발레짐'의 존재를 입증하는 차원에서 한 단계 더 들어가 포항 사회에 그 작동 형태를 드러내는 대목이다.[21] 그에 따르면 포항의 도시 레짐에서 중앙집권적 개발레짐은 전근대적 보스중심의 후견주의 레짐과 병립·공존·할거하는 방식으로 작동한다. 이 가운데 포항 사회의 전면에 나서는 것은 단연 후견주의 레짐이다. 특히 개발 의제의 수행 네트워크와 경제 영역의 두 분야에서 후견주의 레짐은 사적인 교환관계와 수직적 연계를 통해 추종세력을 형성하여 포항 사회를 통치했다. 그리고 그 과정에서 포항 도시 공간의 이례적인 불균형이 배태되었고, 이를 통해 피후견인들에게 지역개발의 이익이 집중적으로 분배되었다. 나아가 그 결과로서 지역사회 전반에 침묵의 카르텔이 형성되었고, 도시 정치의 공론장이 왜곡되었으며, 1987년 민주화 이후 지방자치제도가 본격적으로 부활한 다음에 이르러서까지 풀뿌리 보수주의가 고착되어 있다.

---

20 서병철, 앞의 책(2023), 184-187면
21 서병철, 앞의 책(2023), 제4-5장

지난 세대의 법사회학자들을 대표하는 최대권은 한국 사회 속의 법을 설명하기 위한 핵심 개념으로서 일찍이 '소집단구조'의 중요성을 주목했다.[22] 그에 따르면 한국 사회의 표면에 드러난 2차 집단들의 배후에는 제 나름의 인간관계를 통하여 형성되는 1차 집단들이 존재한다. 이는 과거 법공동체로서 농촌사회를 뒷받침하던 사회구조의 흔적이지만, 아직도 법공동체로서의 사회적 기반을 갖추지 못한 도시사회에서는 전혀 다른 의미를 내포하게 된다. 한국 사회에 독특한 '소집단구조'가 정서적 연대성의 유지는 물론이려니와 사회적 이익의 추구와 규범적 정당성의 확보에서도 핵심 기제가 되기 때문이다.

일제 강점기와 한국 전쟁, 그리고 무엇보다 포항제철의 건설 이후 이루어진 포항 사회의 독특한 진화는 '소집단구조'의 관점에서도 매우 특이한 양상을 배태했다. 1968년에서 1995년 사이 철강도시 포항이 단계적으로 급속하게 형성되면서 포항 사회의 이곳저곳에도 현대 한국인의 사회적 삶을 지배하는 다양한 '소집단구조' 또는 '연줄망조직'이 형성되었다. 전국 각지에서 몰려온 외지인들에게 소집단 또는 연줄망은 사회적 삶 그 자체를 유지하기 위한 일종의 필수적 인프라(infrastructure)였기

---

22 최대권, 앞의 책(1983), 제4-5장, 특히 200-208면 참조

때문이다. 그러나 여기서 주목할 것은 포항 사회 자체의 확대와 재구성을 촉발했던 포항제철이라는 압도적 존재 및 그와 연계된 '중앙집권적 개발레짐'으로 인하여 그와 같은 연줄망조직의 형성과정이 일반적인 대도시와는 사뭇 달라질 수밖에 없었다는 사실이다. 적어도 두 가지 점에서 그러한 특징을 뚜렷하게 확인할 수 있다.

첫째는 새로운 포항 사회의 엘리트집단이 될 수 있었던 포항제철의 임직원들이 독특한 방식으로 연줄망을 형성했다는 점이다. 서울 또는 외국에서 우수한 인력을 유치하기 위해 포항제철은 설립 초기부터 주거와 교육 기타 문화시설 등을 패키지로 제공하는 전략을 구사했다. 그 결과 포항제철의 임직원들은 초기부터 기왕의 포항시가지와는 분리된 현재의 남구 효자동 일대에 대단히 현대적이고 세련된 생활공간을 형성했고, 포항제철의 사세 확장과 포항공과대학교의 설립(1986년)에 따라 이 생활공간은 지곡동 방향으로 더욱 규모를 확대했다.

이와 같은 공간적인 분리는 불가피하게 포항제철의 임직원들과 대다수의 일반 포항시민들 사이에 일종의 문화적, 정서적, 심리적 분리를 발생시켰다. 더구나, 생활환경 자체의 현격한 차이를 기반으로 하고 있었다는 점에서, 이러한 총체적인 분리는 포항 사회의 통합을 저해하는 중대한 차별요인으로 작용할 개연성을 내포하고 있었다. 서울 강남의 아파트단지들보다 화려하고 세련된 효곡주택단지의 공간적인 조건을 일반 포항시민들은 '서울특별시 강남구 지곡동'이라고 씁쓸하게 표현하곤 했다. 이것이야말로 포철 직원들을 '모시고' 살아가는 포항시민들의 심리를 단적으로 드러내는 표현이 아닐 수 없었다.

둘째는 폭발적인 인구증가 및 그에 따른 연줄망의 형성과정에서 당초 6만여 명에 불과하던 포항 원주민들, 그 가운데도 일단의 지역엘리트들이 일종의 기득권을 향유할 수 있었다는 점이다. 특히 몇몇 지역명문고등학교(포항고, 동지상고, 포항여고)를 중심으로 관계와 정계에 포항과 서울을 잇는 연줄망조직을 구축한 지역엘리트집단은 포항제철과 그 배후의 철강산업단지가 요청하는 각종 협력사업에 관여하면서 비교적 손쉽게 새로운 포항사회의 주류를 형성했다. 포항제철의 임직원들이 독자적인 생활공간에 스스로 안주하고, 외부에서 유입된 대다수의 사람들은 익명의 관계 속에 머무를 수밖에 없는 상황에서, 이 지역엘리트집단이 조직적인 이점을 누릴 수 있었던 것은 당연한 결과였다. 이들은, 말하자면, 포항제철과 포항시민들 사이에서 정치적, 경제적 중개자 역할을 수행할 수 있는 최적의 조건을 가지고 있었던 것이다.

포항제철과 지역엘리트집단 사이의 이와 같은 공생관계는

1980년대 중반까지 비교적 순탄하게 유지되었다. 양자의 관계는 사실상 경제건설을 주도하던 강력한 국가와 그 성과에 만족하면서 종속적 위상을 감수하던 시민사회가 맺었던 비대칭적 관계와 질적으로 유사한 것이었다. 대표적인 국책기업이던 포항제철은 어떤 의미에서 새로운 포항 사회를 스스로 건설해 낸 국가와 같은 존재였기 때문이다. 따라서 양자 사이에 갈등이 발생하는 경우에도 요사이처럼 자치의회를 통한 조율이나 재판을 통한 법정 공방으로 비화하는 경우는 드물었다. 주지하듯이 강력한 국가와 종속적인 시민사회의 비대칭적 관계는 의회에서 이루어지는 정치나 법원에서 이루어지는 재판에 의해서가 아니라 압도적인 위세를 가진 중앙집권적 행정권력 또는 이를 둘러싼 철강도시 포항의 통치레짐에 의하여 이를테면 '행정지도'의 형식으로 관리되는 것이 상식이었던 까닭이다.[23]

이상과 같이 매우 독특한 형성과정을 거쳐서 형성된 철강도시 포항은 흥미롭게도 한국 사회의 중앙-지방 관계에서 매우 특이한 위상을 가지게 된다. 포항은 각 지역의 도청소재지와 같은 전통적인 중심지가 아니면서도 국가적 차원의 통치권력 또는 중

---

[23] 행정지도에 관하여 법사회학적 문제의식을 담은 글로는 소중희, 「행정지도에 의한 물가규제」, 최대권 외 10인, 『법사회학의 이론과 방법』, 일신사, 1995, 제11장

앙정부와의 관계에서 이례적으로 상시적인 직접 소통 또는 지시 복종관계를 활용할 수 있는 특수한 지방 도시가 되었기 때문이다. 이러한 사실은 한국 사회의 다른 기업도시들과 현저하게 구분되는 포항만의 특징으로도 간주될 수 있다. 예를 들어, 현대라는 특정 재벌이 압도적인 지배력을 행사하고 있는 울산과 비교할 때, 포항은 국영기업인 포항제철을 통하여 더욱 직접적이고 압도적으로 국가, 통치 권력 또는 중앙정부의 통제를 받았다고 말할 수 있기 때문이다. 어떤 의미에서 이는 1990년대 이후 광역지방자치단체로 승격된 울산과 여전히 기초지방자치단체에 머무르고 있는 포항의 차이와 함께 한국 사회의 중앙-지방 관계에서 양자를 입체적으로 비교 검토할 수 있는 논점이라고 할 수 있다.

돌이켜 보면, 수도권을 중심으로 하는 중앙집권국가의 건설은 지난 세기 내내 한국 사회의 성장과 발전을 이끌어 온 기본 노선이었다. 정치적 측면에서 그것은 한편으로 중앙의 결정을 지방에 집행하는 관료적 행정체제를 형성했고, 다른 한편으로는 지방의 지지를 중앙으로 동원해내는 관료적 정당체제를 형성했다. 관료적 행정체제 및 관료적 정당체제의 공간적 중심은 이른바 3단계 행정구역제도에서 중간 고리인 전통적인 도청소재 도시들, 즉 부산, 대구, 광주, 대전, 전주, 청주, 춘천 등이었다. 여기에 1980년대 후반부터 시작된 민주화의 흐름은 이들 지역적 거점도시를 중심으로 대학, 언론, 시민단체 등으로 구성된 소위 지방 시민사회를 형성하면서 기존 행정체제 및 정당체제와 결합하여 지방사회의 지배 블록을 구축하기에 이르렀다. 전통적인 3단계 행정구조(중앙-광역-기초)는 광역 단위로 구성된 지방사회의 지배블록을 중심으로 중앙이 지방을 동원하고 동시에 분할 통치하기 위한 구조이다. 특히 도(道)를 단위로 한 중앙-지방의 정치적 매개(political brokering)는 정치·경제·사회·문화의 영역 모두에서 서울 지향의 토호들을 맹주로 하는 일종의 유사봉건적 지배체제를 강고하게 만들고 있다.

그러나 중앙집권적 권력구조 속에서 광역중심도시를 거점으로 형성된 지방사회의 지배블록은 의외로 대단히 취약한 모습을 보인다. 이 취약성은 첫째로 중앙에 대한 과도한 의존성에서 단적으로 드러나고 있다. 지방사회의 지배블록은 중요한 정치적 의사결정일수록 철저히 중앙정부 혹은 중앙권력의 향배에 의존하며, 특히 독자적인 의제설정 권력의 행사에 관하여 대단히 소극적인 모습을 보인다. 그 이유는 지난 세월 동안 오직 중앙과의 관계에서만 현실적으로 유의미한 정치적 소득이 확보될 수 있었기 때문이다. 그러므로 지방사회의 지배블록 내부에서 정치적 경쟁이 항상 중앙과의 관계에서 더 많은 교섭력을 확보하는 문제를 초점으로 벌어져 온 것은 대단히 합리적인 선택의 결과이다. 지역 거점 도시마다 토착 시민세력보다는 출향 상경하여 입신양명한 재경 명망가 집단, 곧 지방 출신의 재경 정치인들에게 상당히 유리한 정치적 환경이 조성될 수 있었던 것은 지방사회의 지배블록이 가지고 있는 이와 같은 중앙의존성 때문이다. 오늘날 각 전통적인 도청소재지마다 소수의 대표적인 명문 남녀고등학교들을 중심으로 재경 인사들과 연결된 일종의 지역적 엘리트 클럽이 형성되어 있는 것은 지방사회의 지배블록이 가지는 중앙의존성, 즉 일종의 기생성과 무관치 않다. 지금까지의 정치적 환경 속에서 그것은 중앙과 지방을 연결하는 인적 연결고리로서 비교할 수 없는 효율성을 가지고 있었기 때문이다.

지방사회의 지배블록이 가지는 두 번째 취약성은 사실 중앙권력에 대한 과도한 의존성과 동전의 양면이라고 볼 수 있다. 그것은 바로 지방사회 내부에서 권력의 독점이며 그 철저한 배타적 운영이다. 앞서와 같은 연결고리의 인적 독점이 지방사회를 구성하는 다른 사람, 다른 집단, 다른 세력에게 철저한 정치경제적 소외로 나타나게 되는 것은 당연한 일이다. 모든 것이 중앙의존적인 지방사회에서 중앙과의 인적 연결고리를 개방한다는 것은 곧 기득권 전체를 포기한다는 것과 같은 의미이기 때문이다.

이런 이유로 지방사회의 지배블록은 중앙과의 인적 연결고리를 독점하기 위한 각종 장치들을 개발, 유지하며, 그 결과는 지방사회의 다른 구성원들에게 철저한 배타성으로 나타나게 된다. 공간적으로 말하자면, 이것은 전통적인 도청소재지마다 형성된 지방사회의 지배블록이 그 이외의 지역에 대하여 또 하나의 중앙으로서 배타적으로 군림하게 됨을 뜻한다. 그러므로 지방사회의 인적 중심에서 배제된 지방의 보통 시민들보다 한국 사회에서 정치적으로 더 불우한 존재는 없다. 타 지역에서 이주한 사람들은 죽을 때까지도 이방인의 신세를 벗어나지 못한다. 아울러 거점도시 이외의 지역은 정보나 네트워크의 측면에서 지독한 소외를 면치 못한다.

이상과 같은 일반적인 분석은 포항 사회에도 어느 정도 통용될 수 있다. 하지만 통치권력 또는 중앙정부의 적극적인 주도권 아래 철강도시가 형성된 까닭에, 구체적인 강조점은 상당히 달라질 수밖에 없다. 무엇보다 포항의 경우 지역의 광역거점인 대구의 지배블록에 종속되기보다는 서울의 통치권력 또는 중앙정부와 직접 소통하여 문제를 해결하려는 경향이 매우 강하기 때문이다. 사실 이는 1968년 이후 철강도시 포항을 통치해 온 '중앙집권적 개발레짐'이 스스로 확립한 정치적 지향인 동시에, 그

존립을 보장하는 정치적 기반이자 토대이기도 하다. 따라서 예컨대 광역거점인 대구의 지배블록이 포항의 현안에 간섭하려는 움직임이 보일 경우, 포항의 지배블록은 강력하게 저항하는 동시에 서울의 통치권력 또는 중앙정부에 직접적이고 전면적으로 이의를 제기하여 스스로의 자율성을 확보하는 방식으로 대응하곤 한다. 그리고 이와 같은 시도에서 성공을 거두려면, 포항의 지배블록은 서울의 통치권력 또는 중앙정부의 요구를 빈틈없이 관철할 수 있을 정도의 강력한 지배력을 포항 사회에서 계속 유지해야만 한다.

이러한 측면에서 포항 사회는 전통적으로 경상북도라는 지역의 광역거점으로 기능해 온 대구와의 사이에서 흥미로운 경쟁 또는 도전-응전 관계에 놓여있다고 말해야 한다. 이는 앞서 언급한 것처럼 울산이 광역지방자치단체로 승격하면서, 부산 또는 창원이라는 경상남도의 광역거점으로부터 상당 부분 독립한 것과 흥미로운 대조를 이루는 측면이다. 물론 1980년대 중반 이후 대구광역시가 경상북도에서 분리되고, 2010년대 중반에는 경상북도 도청이 드디어 안동·예천 지역으로 이전하면서, 경상북도의 광역거점으로서 대구의 역할은 상당히 약화된 측면이 있다. 하지만 광역지방자치단체의 분리나 도청의 이전으로 인하여 곧바로 새로운 광역거점이 형성된 것은 아니므로 이로 인해 대구와 포항 사이의 경쟁 또는 도전-응전 관계 자체가 완전히 사라진 것으로 보기는 어렵다.

결국, 이웃한 기업도시 울산과 비교하여 포항은 한국 사회의 중앙-지방 관계에서 상당히 독특한 위상을 가진다고 말할 수 있다. 우선 관계의 밀접성에서 포항은 울산보다 국가, 통치권력, 중앙정부와 더욱 직접적이고 전면적인 관계를 누려온 특징이 있다. 이는 국영기업으로 단기간에 건설된 포항제철이 한국 사회에서 누려온 상징적 위상과 관련되며, 동시에 포항이 지역의 광역거점인 대구와의 관계에서 상대적으로 자율성을 누릴 수 있는 토대로 작용한다. 그러나 이와 같은 상태는 어디까지나 포항이 국가, 통치권력, 중앙정부와 계속하여 직접적이고 전면적인 관계를 확보할 수 있을 때만, 비로소 유지될 수 있다. 만약 그 전제가 더 이상 충족되지 않는 상황이 도래한다면, 포항은 크게 보아 세 가지 중 하나를 선택할 수밖에 없을 것이다. 하나는 이미 광역시로 승격한 울산처럼 100만 명이 넘는 인구와 세력을 확보하여 새로운 광역거점을 형성하는 것이고, 다른 하나는 다시 지역의 광역거점인 대구광역시의 통제권 아래로 들어가는 것이며, 마지막은 한국 사회의 많은 지방 군소도시들처럼 약화되는 운명을 받아들이는 것이리라.

다시 원래의 흐름으로 돌아와서 포항 사회의 법 및 근대적 사법체제의 형성과정을 마저 살펴보자. 앞에서 살핀 바와 같이 철강도시 포항의 독특한 형성과정은 포항 사회가 원래 가지고 있었던 법집행기구의 우위라는 제도적인 특징을 극도로 강화하는 결과를 낳았다. 서병철의 논지에 비추어 말하면, 이는 '중앙집권적 개발레짐'이 '전근대적 후견주의 레짐'과 결탁하여 포항 사회 그 자체를 사실상 포항제철의 지역 지원조직을 중심으로 재구성하기에 이르렀다는 말이나 마찬가지이다. 이 과정에서 관철된 개발연대의 비공식적 분쟁 해결방식은 사실상 노골적인 강요나 무기력한 희생, 그것도 아니면 전근대적 후견주의 레짐을 통한 정치적 흥정이나 협상에 의한 것이었음을 부인하기 어렵다. 그러나 그와 함께 포항 사회의 지속적인 급성장 그 자체가 더욱 근본적인 차원에서 사회적 갈등을 해소하는 핵심기제로 작용했음을 잊어서는 안될 것이다. 지속적인 급성장은 포항 사회의 일시적 패배자들에게까지 새로운 역전의 기회가 보장되어 있음을 의미했기 때문이다.

이런 종류의 특별한 성장 경험이 포항 사회에 매우 독특한 법감정 또는 법정서를 배양했음은 짐작할만하다. 단적으로, 포항 사회에는 아직까지도 이례적일만큼 빈번하게 각종 단체나 조직의 명칭, 심지어 기업의 상호에서까지 '포항'이라는 단어를 내세우는 경우를 볼 수 있다. 포항에서 사업을 잘하려면, 상호에 반드시 포항이라는 단어를 써야 하고, 그래서 포항의 유력인사들은 모두 '포'자와 연결된다는 이야기를 일반 시민들도 농반진반으로 주고받는다. 아마도 이러한 이미지는 포항제철의 건설 및 성공이 가져온 혁명적인 변화의 상징적인 효과를 미시적인 차원까지 활용하려는 욕망과 관련되어 있을 것이다. 사실 그와 같은 방향의 욕망 전개는 1995년에 이루어진 포항시와 영일군의 시군통합에서 통합도시의 명칭이 포항시로 정해진 것에서 이미 표현된 바 있다. 원래 형산강 북안에서도 동해남부선의 종착역이 있던 매우 좁은 시가지 지역을 일컫는 명칭이었던 포항시가 흥해, 청하, 연일, 도구, 구룡포, 장기 등 조선시대 이래의 유서 깊은 다른 중심지들을 포괄하던 명칭인 영일군을 한순간에 대체하게 되는 변화는 포항제철소의 건립 이전이라면 누구도 상상하기 어려운 일이었을 것이다.

이처럼 일상생활에서 '포항'이라는 단어를 통해 우리의 바람이나 욕구를 표현하는 것은 아마도 포항 사회에서 법에 대한 독특한 감정이나 태도와 관련이 있을 것이다. 실제로 2000년대 초중반까지만 하더라도 포항 사회에는 공인중개사의 도움 없이 계약당사자들이 스스로의 신뢰만을 바탕으로 일상의 법률관계를 형성하는 경우가 일반적이었다. 필자 자신이 몸소 경험한 바에 따라 판단할 때, 포항의 부동산거래, 특히 일반 시민들에게 주택매매 및 주택임대차계약과정에서 공인중개사들의 활동이 활발해진 것은 확실히 그 이후의 일이다. 이처럼 객관적인 법제도를 신뢰하기보다는 면식 있는 사람들과의 주관적 의리를 중시하고, 배타적 인간관계 속에서만 법률관계를 형성하려는 경향은 포항의 토박이 주민들 사이에서 쉽게 포착된다.

그러나 1987년 6월의 민주화 항쟁 이후 한국 사회의 운영원리가 국가 주도에서 민간주도로 어느 정도 바뀌고, 무엇보다 1990년 지방자치법의 입법, 1991년 지방자치단체의 의원 선거, 1995년 지방자치단체장 선거로 이어지는 지방자치의 부활이 이루어지면서, 포항 사회에도 극적인 변화의 조짐이 생겨나기 시작했다. 당시 이미 인구 30만을 헤아리던 포항 사회 내부에서는 이른바 '시민사회'의 활성화를 주장하는 움직임이 발생했는데, 이 글의 관점에서 그 핵심은 법집행기구의 압도적 우위 및 이를 뒷받침하는 '중앙집권적 개발레짐'에 대한 반복적인 도전이었다. 그리고 이와 같은 도전의 핵심은 앞에서 말한 법획득기구, 즉 의회와 재판소를 지역 내에 수립하고, 그 제도적 자율성을 확보하며, 나아가 법획득기구가 법집행기구에 대하여 이념적 우위를 행사할 수 있도록 하려는 시도였다.

포항 사회에서 이와 같은 새로운 흐름에 주도권을 행사한 것은 대체로 포항 원주민들이면서도 앞서 언급한 관계와 정계를 잇는 연줄망조직에서 한 걸음 떨어져 있었던 일군의 비판적 지식인들 및 전문직 종사자들이었다. 이들은 지역의 현안을 다루는 각종 매체들을 중심으로 급속한 근대화과정에서 외면되어 왔던 포항 사회의 여러 문제들을 사회적 이슈로 제기하면서 포항 사회의 지배블록을 압박하는 전략을 구사했다. '청하 핵폐기장 유치반대', '철강공단의 환경파괴에 대한 대책요구', '영일만 어업피해 보상청구', '4년제 대학 설립추진' 등 다양한 이슈들을 공론장에 등장시키면서, 새로운 토착 시민세력은 자신들의 주도권 아래 포항의 시민사회를 활성화하고자 노력했다.

이러한 흐름을 잘 보여주는 것으로 포항 지역사회연구소가 발행해 오고 있는 계간지 『포항연구』가 주목된다.[24] 예를 들어, 1990년대 초 아직 지방자치제도가 공식적으로 부활하기 이전, 포항 사회의 젊은 비판적 지식인 중 한 사람이었던 양만재는 지방자치시대의 포항지역사회를 전망하면서 다음과 같이 말하고 있다.[25]

---

24 특히 1992년 통권 12호의 특집좌담 「포항 사회의 진단과 전망」에는 종래의 지배블록과 새로운 토착 시민세력 간의 인식 차이가 선명하게 드러나고 있다.
25 양만재, 「지방자치시대와 포항지역사회」, 조광제·이대환 편저, 『포항사회의 진단과 전망』, 포항지역발전연구소, 1991

"포항의 발전은 국가경제의 전략적인 차원에서 중앙집권적이며 권위주의적 방법에 의해서 진행되어 왔다. 90년대초반에 지방자치제가 실시되면 행정당국의 일변도적인 개발정책보다는 지역주민이 직접 참여하는 지역개발을 진척시켜야 할 시대가 도래할 것이다. …(중략)… 오염되지 않은 자연환경의 보존, 삶의 활력소를 마련해주는 주택공간과 공원시설의 확보, 교육환경의 개선과 조성, 노동가치를 성취케 하는 노동조건의 개선, 퇴폐향락 생활방식에서 창조적 문화의 개발, 분배적 정의를 구현키 위한 균형된 개발과 정신풍토의 조선 등 우리 주민들이 취해야 할 숙제는 많다…"

이와 같은 맥락에서 포항에 시민사회를 활성화하려는 움직임은 종래의 지배블록이 무시할 수 없는 흐름으로 성장해 갔다. 포항제철과 지역엘리트집단의 공생관계를 다양한 각도에서 문제삼으면서 토착시민세력은 민주화시대의 포항 사회를 통치하기 위해서는 일종의 환골탈태가 필요하다는 점을 거듭 강조했다. 지방자치제도의 전면실시와 포항제철의 민영기업화가 예상되던 시점에서 이 주문은 회피할 수도 없고 회피해서도 안 되는 것임이 분명했다.

1992년의 제14대 국회의원 선거와 1995년의 첫 번째 민선시장선거에서 예상을 뒤엎고 포철과 연관된 기존의 지배블록에서 어느 정도 소외되어 있던 무소속 후보(허화평)와 야당(민주당) 후보(박기환)가 연이어 당선된 것은, 적어도 포항 사회 내부의 관점에는, 토착시민세력의 등장이라는 흐름 속에서만 이해될 수 있는 사건들이었다. 나아가 경제정의실천연합(1992년)이나 녹색소비자연대(1997년)와 같은 시민단체들이 속속 결성되면서 이런 흐름은 되돌릴 수 없는 국면으로 진행되기 시작했다. 여기에 앞서 언급했듯이 1995년 1월 1일부로 포항시와 영일군의 시군통합을 통하여 포항시가 50만이 넘는 경북 제일의 도시로 급성장한 사건은 당시까지 포항 사회를 통치했던 지배블록에게 하루바삐 이 새로운 정치적 환경에 적응할 것을 요구했다.

이와 같은 일련의 흐름은 한 마디로 1990년대 중반의 포항 사회에서 민주화 및 지방자치의 새로운 시대정신을 타고 종래의 지배블록에 맞서는 새로운 토착시민세력이 일종의 경쟁적인 엘리트집단으로 등장하고 있었다고 말할 수 있다. 앞서 말했듯이 이들은 포항 사회에 새롭게 조성된 시민사회의 공론장을 중심으로 종래의 지배블록이 장악하고 있는 법집행기구, 즉 행정기구의 공권력 행사에 사사건건 이의를 제기하면서, 입법과정 및 사법과정을 이용하여 지역 현안을 이슈화하는 작업에도 상당히 적극적인 모습을 보였다.

장세훈에 따르면, 지방자치 초기에 발생한 이와 같은 국면은 포항 사회의 토착적 지배 엘리트들에게 저항 엘리트들과 일시적 할거를 용인해야 하는 일종의 위기 상황을 조성했다. 하지만 포항 사회의 토착적 지배 엘리트들은 곧바로 엘리트 재생산 메커니즘을 공고히 하여 그 내부의 충원을 원활히 하고, 각종 연줄망을 통해 포항 사회의 지배체제에 발생한 균열과 이질성을 봉합하고자 노력하는 방식으로 이에 대처했다. 나아가 저항 엘리트들에 대한 부분적인 포섭과 분할 통치를 병행하여 종래의 지배체제를 수호했다.[26]

이 글의 관점에서 중요한 것은 이와 같은 민주화 및 지방자치 부활 국면에서 새로운 토착시민세력 및 그들의 지원으로 지방자치의회 및 지방자치단체장 권력을 중심으로 새롭게 지역사회의 대표권을 장악한 정치인들(허화평, 박기환)에 의하여 법(사법기구)과 법률가집단이 포항 사회에 초대되었다는 사실이다. 종래의 지배블록에 비해 상대적으로 정치적 경제적 기반이 취약했던 이들은 다양한 이슈들을 공론장에 등장시키는 한편으로, 헌법재판소의 등장 이후 한국 사회에 본격화되기 시작했던 일종의 사법정치학에도 관심을 기울였던 셈이다.[27] 예외적 정치과정인 사

26 장세훈, 「지방자치 이후 지역엘리트의 재생산 과정」, 경제와 사회 제86호, 2010
27 Ran Hirschl, Towards Juristocracy, Harvard University Press, 2004

법과정을 통해 정치적 목적을 추구하는 것은 정상적 정치과정인 입법과정에 비교하여 무엇보다 거래비용이 적게 드는 선택이었기 때문이다. 이런 관점에서 토착시민세력은 1960년대부터 간헐적으로 제기된 바 있었던 법원과 검찰청의 유치 문제를 공론장에 제기한 뒤, 법(사법기구)과 법률가집단을 포항 사회의 중심에 초대하기 위하여 적극적인 청원작업과 유치운동을 진행했다.

이를 뒷받침하기 위하여 1990년대 초반부터 포항에서 개업하여 활동했던 이현우 변호사는 포항시에 법원과 검찰청이 신설되어야 하는 근거로 몇 가지를 제시했다. ① 현실적으로 경주지원 및 경주지청이 처리하는 민형사사건의 60-70퍼센트가 포항시 및 영일군에서 발생한 사건들이라는 점, ② 따라서 포항과 영일의 주민들이 경주지원 및 경주지청을 이용해야 하는 불편과 낭비를 해소할 시급한 필요성이 있다는 점, ③ 날로 급증하는 포항 지역의 분쟁과 범죄에 효과적으로 대응하기 위하여 관계기관인 법원과 검찰청이 해당지역에 있어야 한다는 점 등이다.[28] 또한 1993년 2월 26일 국회의장, 대법원장, 법무부장관 앞으로 포항 지역사회연구소, 포항상공회의소, 포항 지역발전협의회 대표 등 760명이 연명하여 제출한 「법원 및 검찰청 신설에 관한

---

28 이현우, 「포항시에 법원과 검찰청이 신설되어야 하는 타당성에 관한 연구」, 포항연구,제12호, 1993, 147-167면

청원」에도 대동소이한 내용이 들어 있다.[29]

흥미로운 것은 포항 사회의 새로운 주역으로 등장했던 토착시민세력이 그 역량을 시험받는 이벤트가 이 과정에서 돌출했다는 점이다. 1995년 개교한 '한동대학교의 재단 분쟁'은 기본적으로 대학설립과정의 재정위기를 해결하려다가 발생한 재단운영분규였다. 그러나 1980년대부터 줄기차게 포항 지역에 4년제 대학을 설립하려는 노력을 기울였던 토착시민세력은 그 결과로 탄생한 한동대학교의 재단분쟁에 적극적으로 개입했고, 강력한 결속력을 발휘하면서 급기야 1996년 중반부터 쌍방 당사자들 사이에 벌어진 민형사재판과정에까지 발을 들여 놓게 되었다. 안타깝게도 이 과정에서 분쟁은 걷잡을 수 없이 격화되었고, 동시에 그것은 포항 사회 내부에서 대학재단운영분규 이상의 의미를 가질 수밖에 없게 되었다. 구 재단 및 이를 지원하는 토착시민세력을 한 축으로 하고 현 재단 및 이를 지원하는 외지출신 기독교인들을 다른 축으로 하는 집단분쟁의 차원이 추가되었기 때문이다.

분쟁의 승패를 떠나 이후 7년여에 걸친 기나긴 재판과정에

---

29 이 청원서는 이현우 변호사의 글의 말미에 붙어 있다.

서 분명해진 것은 대부분 외지에서 유입된 익명의 시민들이 포항 사회 속에 엄존하고 있다는 사실이었다. 한동대학교라는 공동체적 기반을 중심으로 토착시민세력과의 기나긴 투쟁을 지속했던 일군의 기독교인들은 대다수의 외지 출신 포항시민들 중 단지 하나의 예에 불과했을 뿐이다. 아이러니하게도 토착시민세력이 초대한 법(사법기구)과 법률가집단은 이 익명의 시민들이 포항 사회의 구성원들로 스스로를 드러내게 만드는 일종의 매개장치로 작용했다. 시민사회의 중심에서 소외된 익명의 시민들일망정, 그 사회적 존재를 위협받았을 경우에는 법(사법기구)과 법률가집단에게 호소하는 방식으로라도 자신들의 존재 또는 실명(實名)을 드러낼 수밖에 없었기 때문이다. 시민사회의 활성화라는 관점에서 이것은 토착시민세력의 범위를 넘어서는 차원에서 포항 사회의 재구축이 필요하다는 사실을 여실히 드러내는 사건이었다. 1995년의 시군통합 이후 약 50만 명의 인구 규모로 성장이 정체되고 있는 포항 사회에서, 대다수의 외지출신 포항시민들을 포용하지 않은 채, 토착시민세력만으로 시민사회의 활성화를 달성하는 것은 이미 불가능한 상황이었기 때문이다.

이상에서 살핀 바와 같이 1987년 민주화 이후 포항 사회에서 벌어진 다양한 방향의 변화 움직임들은 법집행기구의 압도적 우위라는 종래의 '중앙집권적 개발레짐'에 맞서서 이를 대체하려는 흐름을 형성했다. 이는 한마디로 법집행기구에 대하여 법획득기구의 상대적인 자율성을 확보하려는 방향이었으며, 여기에는 포항 사회를 단위로 하는 입법기구의 강화, 즉 지방자치의 부활을 통한 자치단체장(포항시장) 및 자치의회(포항시의회)의 주민직선은 물론이려니와 그와 함께 쌍을 이루었던 사법기구의 강화도 포함되었다. 이로 인해 포항 사회는 비로소 법획득기구와 법집행기구의 분립, 그리고 전자의 경우 입법기구와 사법기구의 분립을 제도적으로 갖출 수 있었다.

물론 이와 같은 제도적 변화가 실제로 포항 사회를 하나의 자율적이고도 역동적인 정치공동체이자 법공동체로서 변모시킬 수 있었는지는 전혀 다른 문제이다. 1995년 이후 민선 8기에 이르기까지 포항 사회는 주민의 직선으로 선출된 포항 시의회와 포항 시장을 배출했으나, 이를 통해 앞서 말한 '중앙집권적 개발레짐'이 성공적으로 대체되었는지에 관해서는 소극적인 평가가 우세한 듯하다. 대표적으로 서병철은 포항 사회에서 민주화이행기, 특히 1995년의 지방자치 실시 이후부터 민선시장을 중심으로 산업전환을 추진하는 '상징적 레짐'이 추진되었으나, 이는 애초 계획된 의제나 목표조차 제대로 달성하지 못하는 한계를 보였고 실질적인 레짐 형성에도 실패했다고 평가한다. 그래서인지

20대의 청년이 50대의 장년이 되도록 시민운동을 통해 청춘을 바쳤던 고향 도시의 정치 현실을 평가하는 그의 문장들에서는 어딘지 사뭇 씁쓸한 느낌이 배어난다.[30]

> "…중앙과 지방간의 권력관계는 시계열적인 변화가 역동적으로 나타나지만, 장기간 순치된 지방정부는 항상 지역 성장정책에만 의존하면서 중앙집권적이고 종속적인 회귀성향을 내포하고 있다.…특히 지역의 자율성을 억제하는 불완전한 지방자치제도 하에서 지방정부는 중앙권력에 예속될 수밖에 없는 구조적 원인으로 작용한다. 더구나 지방정부가 '기업가적 정부'를 자임하며 도시 간 개발 경쟁에 앞장선 결과 중앙권력과 자본에 더욱더 의존적이고 종속적으로 변해만 가고 있다.…"

그렇다면 이처럼 민주화 이후 부활된 지방자치가 오히려 지역의 자율성을 더욱 옥죄는 의외의 결과를 낳게 된 원인은 무엇일까? 오늘날 대한민국에는 이 질문에 대한 다양한 답변과 이를 뒷받침하는 분석들이 존재하지만, 이는 크게 보면 두 가지로 수렴한다. 첫째는 지방을 식민지로 삼기 위해 부동산과 교육에 대한 투기를 일삼는 수도권 지역주의의 발호이고, 둘째는 이를 제

---

30 서병철, 앞의 책(2023), 296면

도적으로 뒷받침하는 현행 헌법의 최소지방자치주의이다. 특히 후자에 관하여 현행 헌법 제117조 제1항이 지방자치단체의 입법권을 '법령의 범위 안'으로 제한하고 있는 것은 지역의 자율성을 증대하려는 모든 종류의 정치적 노력을 수포로 만드는 대표적인 독소조항으로 꼽힌다.

이와 같은 답변과 분석에 깊이 공감하면서도, 이 글은 그밖에 더욱 중요한 하나의 측면이 간과되고 있음을 결정적인 문제로 제기하고자 한다. 근대법의 맥락 속에서 하나의 지역공동체가 역동적인 정치공동체이자 법공동체로 완결성을 가지려면, 법집행기구에 대한 법획득기구의 분립만이 아니라 법획득기구 내부의 균형적인 소통, 즉 입법기구와 사법기구의 상호작용이 제도화되어야 하고 또 실제로 이를 통해 역동적인 소통이 이루어져야 한다. 달리 말해, 지방자치가 제대로 돌아가려면, 포항이라는 지역공동체 내부에서 입법기구와 사법기구 사이에 분립만이 아니라 견제와 균형과 소통이 완결적으로 펼쳐질 수 있어야 한다는 말이다. 만약 어느 한쪽이라도 기울어지면 바로 그 틈바구니로 중앙권력의 개입과 소환이 개시될 수밖에 없기 때문이다.

이러한 관점에서 포항 사회에서 1998년 10월 1일을 기하여 이루어진 사법기구의 분립은 주의 깊게 관찰할 필요가 있다. 일

제 강점기 이래 이웃 도시 경주의 법원과 검찰청이 관할하던 포항 지역이 그날부터 일종의 사법적 독립을 이루었음은 부인하기 어렵다. 대구지방법원 포항지원과 대구지방검찰청 포항지청이 설치되었기 때문이다. 원래 포항지원 및 포항지청의 설치는 1993년 12월의 입법조치를 통해 1997년 9월 1일부로 시행될 예정이었으나, 1997년 8월 22일 '각급법원의설치와관할구역에관한법률'의 일부 개정을 통해 그 시기가 1998년 10월 1일로 연기되었다. 포항지원과 포항지청이 설치되기 이전, 사법서비스의 확충차원에서 도입된 시법원이 설치되어 단기간 존속하였으며, 여기에는 판사 1인이 근무하였다.

'사법적 대표로서의 법률가'라는 시각에서 보자면, 법원과 검찰청의 설치는 그야말로 혁명적인 사건일 수 있었다. 50만 명이 사는 도시의 규모에 걸맞지 않게 1명의 시법원 판사와 5-6명의 변호사들만이 존재하던 포항 사회에 불과 2-3년 만에 도합 60여 명을 헤아리는 상당한 규모의 법률가집단이 형성되었던 것이다. 하지만 이와 같은 양적인 변화보다 더욱 근본적인 변화는 법원과 검찰청의 설치로 인해 민형사소송의 1심 단계를 중심으로 진행되는 독립적인 사법과정이 시작된 것 그 자체였다. 한마디로 이는 포항 사회에서 유사 이래 처음으로 본격적인 사법적 대표과정이 확립된 것을 의미했기 때문이다.

그러나 지역의 자율성이라는 시각에서 냉정하게 분석하자면, 이러한 변화는 동시에 정반대의 의미를 내포하는 것이기도 하다. 포항시민이 직접 선출한 포항시의회나 포항시장이 '법령의 범위 안'으로 그나마 제한된 입법권을 행사할 수 있음에 비하여, 사법권의 영역에서 포항시민이나 포항시민이 직접 선출한 포항시의회와 포항시장은 자치에 관한 어떠한 권한도 행사할 수 없으며, 오히려 이들 모두는 국가가 대구지방법원 포항지원과 대구지방검찰청 포항지청을 통하여 행사하는 사법 권력의 행사에 근본적으로 복종하는 수밖에 없기 때문이다. 따라서 1998년 10월 1일은 포항 사회의 사법적 독립일만이 아니라, 모든 법을 국가법으로 동일시하고, 모든 법률가는 국가법률가로 동일시하는 '주권국가 유일주의'가 포항 사회에 본격적으로 등장한 날로도 기억하는 것이 더욱 바람직할 수도 있을 것이다.

이처럼 법집행기구에 비하여 법획득기구의 분립이 철저하지 못하거나, 법획득기구의 권력 수준이 충분치 못하거나, 입법기구와 사법기구의 균형적인 소통이 제도적으로 불가능할 경우, 포항 사회를 자율적이고 역동적인 정치공동체로 만드는 작업은 장애에 부딪힐 가능성이 매우 크다. 그렇지만 그와 같은 가능성이 현실화되었다고 해서 법을 통한 자치의 시도를 포기하고 물러설 일은 결코 아니다. 비록 불완전하고 부족하며 균형이 깨졌

을지언정 정치적 대표과정으로서의 입법기구와 사법적 대표과정으로서의 사법기구의 진정한 가치는 바로 그와 같은 장애 자체를 입법적·사법적 대표과정의 의제로 내세우는 방식으로 다시 확보될 수 있기 때문이다. 이 점은 이하에서 이 글이 포항의 법률가에 대한 법사회학적 소묘를 시도하면서 특히 주의를 기울여 보려는 대목이기도 하다.

사법적 권력체제의 구조

그러면 이제 오늘날 포항 사회에 드리워진 사법적 권력체제의 구조를 간략하게나마 살펴보자. 2023년 한국 사회의 현실에서 포항이라는 사회는 대체로 포항시라는 지방자치단체의 범위를 경계로 그 안과 밖에서 다양한 형태와 이미지로 나타난다. 포항시의 주민, 의회, 의원, 시장, 공무원, 상징(꽃/색깔/새), 기업, 언론, 시민단체, 구와 동, 읍과 면과 리, 해수욕장, 문화재, 경승지, 축제 등등. 그러나 사법적 권력체제로서 포항이라는 사회는 지방자치단체로서 포항시의 범위와 반드시 일치하지는 않는다. 이른바 관할구역의 측면에서 이 점은 단적으로 드러난다.

대구지방법원 포항지원은 사법적 권력체제로서 포항이라는 사회의 중심에 해당한다. 포항지원은 대부분의 사법적 분쟁에 관하여 1심의 전속적 관할권을 가지기 때문이다. 사법적 분쟁에서 대구지방법원 포항지원의 판결, 더 정확히 말해서 포항지원에 속한 재판부의 판결은 헌법과 법률의 절차에 따라 항소 또는 항고의 권리가 행사되지 않는 한 최종적인 효력을 가진다. 이 경우에 관할구역 내에서 대구지방법원 포항지원에서 이루어진 사법적 판단을 번복할 수 있는 조직이나 기구나 인물은 존재할 수 없다.

대구지방법원 포항지원의 관할구역은 포항시라는 지방자치단체의 관할구역과 약간 다르다. 포항지원은 '각급 법원 설치와 관할구역에 관한 법률'에 의하여 설치된 대구지방법원의 8개 지원 중 하나로서 포항시 일원과 울릉군 전체를 관할하고 있으며, 아래의 그림이 보여주듯 2023년 현재 대구지방법원 소속 지원 가운데 경주지원과 함께 산하에 시군법원이 설치되어 있지 않은 지원 중 하나이다. 다만, 등기업무에 관해서 특례가 있어서 포항지원은 포항시만을 관할하고, 울릉군에는 별도로 등기소가 설치되어 있다.

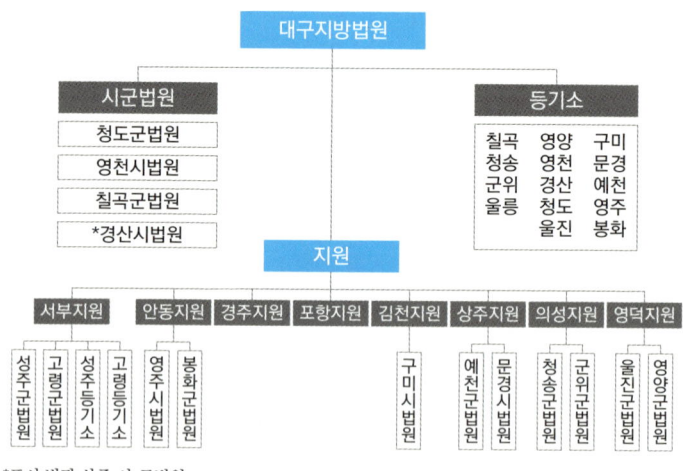

*표시 법관 상주 시·군법원

형사사법 영역에서 대구지방검찰청 포항지청은 대구지방법원 포항지원과 함께 사법적 권력체제의 또 다른 중심을 이룬다.

주지하듯 대한민국의 형사사법체제는 1948년 이래 검사에게 형사사법절차 전체를 주재하는 강력한 위상을 부여해 왔다.[31] 다시 말해, 검사는 기소권, 불기소권, 공소유지권 등 형사사법에서 재판절차의 개시 여부를 결정하는 권한을 전반적으로 행사하면서, 직접 수사권, 수사개시권 및 수사종결권, 수사감독권 등 일반적으로 사법경찰에게 주어지는 권한까지도 독점적으로 행사하고, 특히 강제수사에 관해서는 법원에 대한 영장청구권을 배타적으로 독점해 왔다. 이 가운데 특히 범죄의 혐의를 확인하고도 기소를 유예하거나 일부만을 기소하는 재량적 판단 권한을 부여한 것은 사실상 형사사법절차에서 원래 판사가 행사해야 할 최종적인 사법적 판단권의 일부를 검사에게 행사하도록 했던 것이나 다름없었다.

대구지방검찰청 포항지청의 관할구역 내에서 포항지청의 검사들은 다른 나라에서 유례를 찾기 어려운 이처럼 강력한 권한을 독점적으로 행사한다. 비교적 최근 들어 관련 법령이 개정되어 검찰과 경찰의 수사권 조정이 이루어짐으로써 검사의 직접 수사 범위가 과거보다 줄어들었고, 경찰의 독자적인 수사개시권 및 수사종결권이 제도화되었다. 그러나 새로운 체제에서도 검사

---

31 김희수·서보학·오창익·하태훈, 『검찰공화국, 대한민국』, 삼인, 2011, 제2장

는 여전히 주요 형사사건에 대한 직접 수사권 및 다른 수사기관에 대한 보완수사요구권을 가지고 있다. 따라서 실질적으로 포항지청의 검사들이 행사하는 권력의 크기는 포항지청의 관할구역 내에서 특히 검찰의 직접 수사가 가능한 주요 형사사건이 얼마나 벌어지느냐에 좌우될 수밖에 없다.[32]

대구지방검찰청 포항지청의 관할구역은 대구지방법원 포항지원의 관할구역과 일치한다. 그러나 관할구역을 정하는 기준은 국회의 법률이 아니라 대통령령인 '대검찰청의 위치와 각급 검찰청의 명칭 및 위치에 관한 규정'이다. 형사사법 분야에서 법원 및 검찰의 권한 행사와 밀접하게 연결되는 각 경찰서의 관할구역은 한 단계를 더 내려가서 행정안전부령인 '경찰청과 그 소속기관 직제 시행규칙'으로 정해진다. 이에 따르면 포항지원 및 포항지청의 관할구역 내에는 포항시 북구를 관할하는 포항북부경찰서와 포항시 남구를 관할하는 포항남부경찰서, 그리고 울릉군을 관할하는 울릉경찰서가 있고, 이 세 경찰서는 모두 경상북도지방경찰청에 소속되어 있다.

---

[32] 헌정사상 최초로 검찰총장을 거쳐 대통령에 선출된 윤석열 정부는 대통령령 및 법무부령을 통해 검찰의 직접 수사권을 다시 늘렸다는 비판을 받기도 한다. 시중(市中)에서는 이를 앞선 문재인 정부의 '검수완박', 즉 검찰 수사권의 완전한 박탈에 빗대어 '검수원복', 즉 검찰 수사권을 원래대로 복원하는 것으로 부르고 있다. 예를 들어, 동아일보 2023년 7월 31일자 사설 「이번엔 법무부 수사준칙 통한 '검수원복' 꼼수」 등을 볼 것.

대구지방법원 포항지원은 국회 및 정부와 함께 3부를 구성하는 독립된 사법부(司法府)인 법원의 기관이다. 따라서 포항지원을 구성하는 판사들의 인사권은 당연히 국회나 정부로부터 독립한 법원에 의하여 독자적으로 행사된다. 이 점은 삼권분립 및 사법권의 독립이라는 헌법 원리의 본질적인 요청이기 때문이다. 법원의 조직과 구성, 법관의 자격에 관해서는 국회가 법률로 정하지만(헌법 제101조 제3항 및 제102조 제3항), 인사권의 구체적인 행사에는 헌법상 일절 관여할 수 없다.

현행 헌법은 판사의 인사권을 크게 대법원장, 대법관, 그리고 일반 판사의 세 범주로 나누어 규정한다(헌법 제104조). 대법원장은 국회의 동의를 얻어 대통령이 임명하고, 대법관은 대법원장의 제청으로 국회의 동의를 얻어 대통령이 임명한다. 대법원장도 대법관도 아닌 일반 판사는 대법원장이 대법관회의의 동의를 얻어 인사권을 행사한다. 현행 법원조직법은 대법원장과 대법관회의에 맡겨진 사법행정 일반을 관장하기 위하여 법원행정처를 두고 있으며(법원조직법 제19조), 특히 일반 판사의 인사권 행사에 관해서는 법관인사위원회 등의 장치를 통해 판사집단 및 시민 대표의 참여와 견제를 제도화하고 있다(법원조직법 제25조의2).

그러나 헌법 및 법원조직법이 규정한 인사제도는 실제로 작동하는 일반 판사 인사제도의 단지 일부에 불과하다. 상하 위계가 엄격하고 승진 관념이 분명한 관료주의적 방식으로 일반 판사집단을 조직하는 까닭에 일반 판사에 대한 실제의 인사권 행사는 기본적으로 관료제의 내부 규칙과 관행에 따라 이루어질 수밖에 없기 때문이다. 따라서 판사 관료제의 내부 규칙과 관행을 거슬러 오로지 헌법과 법률에 따라 인사권자의 자유재량으로 일반 판사에 대한 인사권을 행사하는 것은 사실상 불가능하다. 1987년 민주화 이후 법관인사제도는 대법원장을 정점으로 하는 피라미드 형태의 수직적 관료구조를 완화하는 쪽으로 변화해왔고, 법학전문대학원-변호사시험체제의 공식적인 출범이 예고되었던 2010년에는 법조일원화 및 평생법관체제의 방향으로 큰 틀이 바뀌었지만, 인사에 관한 판사 관료제의 내부 규칙과 관행이 가지는 실질적인 중요성은 크게 달라지지 않았다.[33]

이 점에서 대구지방법원 포항지원의 판사들에 대한 실제의 인사권은 상당히 다양한 요인들의 복합 작용으로 행사된다고 말할 수 있다. 여기에는 헌법상 권한을 가진 대법원장과 대법관회의, 법원조직법상 권한을 가진 법관인사위원회 및 법원행정처와 법원조직 내에서 인사고과의 평가권을 가진 대구지방법원 법원장과 포항지원의 지원장, 그리고 위에서 언급한 지난 수십 년간

---

33 최선, 「법관인사제도 변화에 대한 신제도주의적 분석」, 법과 사회 제51호, 2016

판사 관료제가 형성해 온 인사에 관한 내부 규칙과 관행 등이 모두 포함된다.

법원조직의 위계 구조상 대구지방법원 포항지원은 거의 말단에 해당한다. 시군법원 등을 제외하면, 그보다 더 아래의 위계에 존재하는 법원조직은 찾아보기 어렵기 때문이다. 따라서 포항지원에서부터 쌓아 올린 일반 판사의 경력이 나중에 대법원장이나 대법관 또는 각급 법원장 등의 고위직 판사직을 맡는데 결정적인 자료가 되는 경우가 아니면, 포항지원의 판사들에 대한 인사권 행사에서 고려될만한 판사 관료제의 내부 규칙이나 관행 등은 어느 정도 제한될 수밖에 없다. 그중에 가장 대표적인 것을 꼽아보면 크게 네 가지 정도를 지목할 수 있을 것이다.

(1) 초임 판사의 근무지 배치 순위에 관한 것
(2) 배석판사에서 단독심 판사로, 또 합의부 재판장, 즉 부장판사로 승진하는 기간에 관한 것
(3) 근무지 순환과 관련하여 수도권과 수도권 이외의 지역에 근무해야 하는 최소기간에 관한 것
(4) 대구지방법원 관할구역 내에 상대적으로 장기간 근무하는 지역 법관 또는 지역 장기 근무 법관의 경우 대구의 본원과 각 지원에 근무해야 하는 최소기간에 관한 것.

대한민국 정부에서 검찰조직은 위계 구조상 행정 각부의 하나인 법무부의 외청에 해당한다. 하지만 해방 공간의 사법제도 정비 과정에서 검찰은 이른바 준사법기관의 위상을 획득하여 기본적으로 법원의 판사 관료제와 긴밀하게 연동된 내부 구조를 구축해 왔다. 대법원, 고등법원, 지방법원 및 지원의 구조에 대응하여 대검찰청, 고등검찰청, 지방검찰청 및 지청의 구조를 형성한 것이나 판사의 직급과 검사의 직급을 맞추다 보니 정부 내에서 검찰의 직급이 이례적으로 높아진 것 등이 대표적이다.

현행 헌법은 검사를 영장청구권의 주체로 특정하고(헌법 제12조 및 제16조), 검찰총장을 인사에 있어서 국무회의의 심의가 반드시 요구되는 대상으로 삼는 것(헌법 제89조)을 제외하면 검사에 대한 인사권 문제에 관하여 침묵하고 있다. 따라서 이 문제는 정부조직법 및 검찰청법 등 관련 법률 및 하위 법령으로 이루어질 수밖에 없는데, 법령의 문면상으로 검사의 임명과 보직은 정부조직법상 검찰사무의 최종 책임자인 법무부 장관의 제청으로 대통령이 하도록 되어 있다(검찰청법 제34조 제1문). 다만, 이 경우 법무부장관은 검찰총장의 의견을 들어 검사의 보직을 제청한다(동조 제2문). 따라서 순수하게 제도적으로만 보면, 이는 판사 관료제의 인사에서 앞서 언급한 대로 수십 년간 형성해 온 내부 규칙과 관행이 상당한 규정력을 가지는 것과 현저하게 대조되는 특징으로 이해할 수 있다.

그러나 검찰 인사의 현실은 전혀 다르다. 1987년 민주화 이후 검찰 관료제는 상급기관인 법무부의 장관과 차관을 검찰 출신 변호사로 보임하는 정치적 관행을 당연한 것으로 전제하면서, 특히 검찰사무의 독점적 관리 부서인 검찰국을 비롯한 주요 보직을 당연하게 현직 검사들로 채워왔다. 이와 같은 관행은 검사에 대한 법무부 장관의 인사권을 사실상 무력화하고, 검찰 관료제 내부의 이해관계를 검찰 인사에 우회적으로 반영하는 메커니즘을 형성하는 결과를 낳았다.[34]

이처럼 검찰조직은 형사사법절차 전체의 주재자인 동시에 주요 사건에 대한 직접 수사까지 담당해 온 까닭에 민주화 이후 국민이 선출한 대통령과 국회 등 정치 권력과 일종의 모순적 길항 관계에 놓일 수밖에 없었다. 역대 대통령은 민정수석비서관을 통하여 특히 검찰조직 내부에서 직접 수사를 담당하는 검사의 인사에 개입했고, 국회 또한 십여 차례의 특별검사법 시행을 통하여 사실상 유사한 시도를 거듭했다. 이 과정에서 검찰조직은 내부로부터 분열했다. 우선 정치권력과 연계에 따라 특히 지역

---

34 이 점에 관하여 2017년 문재인 정부 출범 이후 상당 기간 법무부가 '탈검찰화'를 기치로 내걸고 법무부 내부의 다양한 직위에서 검사를 배제하거나 복수직제화하는 정책을 추진했던 것은 사실이다. 하지만 그 뒤를 이은 윤석열 정부에서는 다시 원래의 흐름으로 복귀하는 움직임이 나타나고 있다.

적 연고를 내세우는 정치적 분파들이 발생했고, 이에 맞서 검찰 권력의 독자성을 지키려는 분파들(이른바 검찰주의자)도 형성되었으며, 특수부, 공안부, 강력부, 형사부, 공판부 등 전문성에 따른 분파들도 촉발되었다. 정치권력과 검찰 권력, 그리고 그 내부의 여러 분파 사이에서 가장 중요한 다툼의 대상은 주요 사건에 대한 직접 수사를 담당하고, 기소 여부를 결정하는 검찰 핵심 보직의 인사권이었다.[35]

대구지방검찰청 포항지청은 대구지방법원 포항지원과 마찬가지로 형사사법조직의 거의 말단에 해당한다. 검사정원법 시행령의 구분에 따르면, 2023년 현재 포항지청은 부장검사가 있는 지청(이른바 부치지청)으로서 부장검사가 없는 지청(이른바 비부치지청)보다 한 단계 위에 해당하며, 이러한 지청의 지청장은 지방검찰청의 차장검사급 또는 고참 부장검사급이 맡는다(검사정원법 시행령 별표).

그러나 이상에서 살핀 바와 같이 수사, 영장 청구, 불기소, 기소의 대상이 되는 형사사건의 중요도에 따라 포항지청의 위상은 가히 천양지차(天壤之差)로 달라질 수 있다. 관할구역 내에서 중요한 형사사건이 발생할 경우, 현행 법령체계에서 그 수사와 기

---

35 최강욱, 『권력과 검찰-괴물의 탄생과 진화』, 창비, 2017 참조

소 여부는 포항지청이 담당하게 되기 때문이다. 따라서 포항지청에 연결되는 형사사법적 권력체제의 권력 수위는 관할구역에서 전국적 주목을 받는 형사사건이 발생하느냐에 달려 있다고 말해도 과언이 아니다. 이 점에서 예를 들어 초대형 국영기업이던 포항제철이 민주화 이후 국민주 공모 분양 방식으로 민영화되었음에도 여전히 포스코라는 이름으로 국가적 선도기업이 되어 있는 포항 사회의 독특한 면모는 대구지방검찰청 포항지청 소속 검사들에 대한 인사권 행사의 방향 설정에 간접적인 요인으로 작용하기에 충분하다.

앞서 살폈듯이, 포항지원 및 포항지청의 관할구역 내에는 포항시 북구를 관할하는 포항북부경찰서와 포항시 남구를 관할하는 포항남부경찰서, 그리고 울릉군을 관할하는 울릉경찰서가 있고, 이 세 경찰서는 모두 경상북도 지방경찰청에 소속되어 있다. 포항 사회의 사법적 권력체제를 살피면서, 경찰 분야에서 주목할 점은 크게 세 가지로 요약된다. 첫째는 경찰의 소속이고, 둘째는 경찰의 권한 및 내부조직이며, 셋째는 경찰의 인사권이다.

우선 이 세 경찰서는 모두 국가경찰 소속이다. 이들은 경상북도지방경찰청 소속이고, 경상북도지방경찰청은 경찰청 소속이며, 경찰청은 다시 행정 각부의 하나인 행정안전부(과거의 내무부)의 외청이기 때문이다. 그러나 경찰, 즉 국가경찰이 실제로 담당하는 사무 가운데는 국가경찰사무만이 아니라 자치경찰사무도 존재하며, 자치사무는 원래 자치경찰의 고유업무에 해당한다. 그러나 2023년 현재까지 대한민국에서 자치경찰제도는 자치경찰조직도 자치경찰관도 존재하지 않는 가운데, 단지 광역지방단체단체 차원에서 자치경찰사무에 관하여 관리감독권을 가지는 자치경찰위원회가 설치·운영되고 있을 뿐이다. 허나 그마저도 광역 단위의 지방경찰청장에게 자치경찰사무의 대부분을 재위임하고 있어, 자치경찰제도는 말 그대로 형해화되어 버렸다.[36]

대구지방법원이나 대구지방검찰청이 대구와 경상북도를 아우르는 관할구역을 가지는 것에 비하여, 경찰청이 대구지방경찰청과 경상북도지방경찰청으로 나누어진 것은 국가경찰이 자치경찰사무를 담당하면서 광역지방자치단체별로 자치경찰위원회가 존재하는 매우 기형적인 과도기적 상황을 고스란히 보여준다. 여기에 더하여 함께 고려할 것은 경찰의 권한과 내부조직이 크게 행정경찰과 사법경찰, 그리고 정보경찰 등으로 나누어진다는 점이다. 이 가운데 자치경찰사무는 행정경찰의 직무를 중심

---

[36] 예컨대, 조선일보 2023년 6월 29일자 기사 「자치경찰제 2년…"자치경찰 업무만 있고 자치경찰관은 없다"」 등 참조

으로 존재하며, 사법경찰이나 정보경찰의 직무는 대체로 국가경찰의 전속사무로 분류된다(국가경찰과 자치경찰의 조직 및 운영에 관한 법률 제3조와 제4조). 따라서 앞서 살핀 대구지방검찰청 포항지청과 대구지방법원 포항지원으로 연결되는 형사사법과정에서 문제가 되는 경찰조직은 국가경찰사무로서 사법경찰직무를 담당하는 국가경찰의 범위로 좁아질 수밖에 없다.

여기서 특별히 고려할 것은 이상과 같은 국가경찰, 자치경찰의 구조에서 파악하기 어려운 특이한 사법경찰조직의 존재이다. 우선 법률에 의하여 특별사법경찰권을 부여받은 중앙행정기관이 포항에서 그 권한을 행사하거나, 특별사무경찰사무를 위임받은 광역지방자치단체, 즉 경상북도가 그 권한을 행사하는 경우가 있다. 다수의 광역지방자치단체는 이 조직에 '민생경찰' 등의 이름을 붙이기도 한다.[37] 또한, 대공사건에 관해서는 2023년 현재 아직도 국가정보원이 수사권을 가지고 있으므로, 이 또한 특이한 사법경찰조직의 범위에 넣어야 한다. 물론 이처럼 특이한 사법경찰조직의 경우에도 영창청구나 기소·불기소 단계에 이르면 어김없이 위에서 설명한 검사가 주재하는 형사사법절차에 연결된다. 이 점에서 포항 사회에서 사법적 권력체제의 유일한 예

---

37   신현기, 『특별사법경찰론』, 법문사, 2017, 216면 이하 참조

외는 헌병-군검찰-군사법원으로 이어지는 별도의 군형사조직이 완전히 구별된 관할권을 가지는 해병대를 비롯한 군대조직이라고 할 수 있다.

이상과 같은 경찰조직에 대하여 인사권의 행사는 경찰청장-경찰위원회-행정안전부장관-국무총리-대통령으로 이어지는 행정 계선을 통하여 이루어진다. 사법권의 독립이라는 헌법 원리나 준사법기관의 법적 독립 요청을 조직 내부의 인사 관행 등에 어느 정도 반영해 온 판사 관료제나 검사 관료제에 비교할 때, 경찰 인사의 독립성이나 자율성은 많이 부족한 형편이다. 특히 경찰 간부진의 인사에 정권마다 핵심부의 의중이 크게 작용하는 것은 알려져 있다. 이러한 상황에서 그나마 경찰조직의 인사권 행사에 예측가능성을 부여하는 것은 계급정년이나 보직자격 등을 포함하여 경찰 관료제 내부에서 형성된 관료주의적 인사 관행이다. 현재 국가경찰사무를 관리·감독하는 경찰위원회는 이와 같은 관료주의적 인사 관행이 신상필벌의 원칙에 이루어지는지를 주요한 관심 사항으로 삼으면서, 정치적 편향이나 학벌 등에 따른 정실 인사를 막으려는 목적을 가진다고 볼 수 있다.[38]

---

38 2022년 7월 윤석열 정부는 일선 경찰조직 내부를 포함하여 야당과 시민사회의 강력한 반대에도 불구하고, 행정안전부와 그 소속기관 직제를 개정하여 행정안전부에 경찰국을 신설했다. 이로 인해 향후 경찰 인사에 관하여 대통령이나 행정안전부 장관이 종래에 비해 직접적으로 개입할 여지가 커졌음은 말할 것도 없다.

포항 사회에 존재하는 세 개의 경찰서는 국가경찰, 자치경찰, 특별사법경찰을 아우르는 전체 경찰조직에서 거의 말단에 해당한다. 따라서 이 조직을 구성하는 경찰관들, 특히 이 글의 관심사항인 사법경찰관리에 대한 인사권 행사는 일단 전형적인 관료주의적 인사패턴을 따른다고 보아야 할 것이다. 다만, 앞서 대구지방검찰청 포항지청의 경우와 마찬가지로 이러한 일반론은 수사 대상이 되는 형사사건의 중요성에 따라 얼마든지 수정될 수 있다. 특히 최근에 이루어진 검찰과 경찰의 수사권 조정에 의하여 사법경찰 또한 일정한 영역에서 독자적으로 수사권을 행사할 수 있게 되었으므로, 만약 포항 사회에서 경찰의 관할권 범위 하에 전국적 주목을 받는 형사사건이 벌어진다면, 경찰의 권력은 그 범위에서 매우 강력해질 수밖에 없다. 따라서 앞서 포항지청에 관해서 언급한 포항 사회의 독특한 면모는 여기에도 그대로 적용된다고 보아야 한다.

이상에서 살핀 바와 같이 대구지방법원 포항지원, 대구지방검찰청 포항지청, 그리고 경상북도지방경찰청의 세 경찰서는 포항 사회에 존재하는 사법적 권력체제의 기본 구조를 이룬다. 이 가운데 포항지원과 포항지청은 각기 판사와 검사라는 국가 법률가로 구성되고, 경찰청-행정안전부 소속의 경찰서, 특히 사법경찰조직은 경찰공무원 중 사법경찰관리로 구성된다. 앞서 언급한 대로 사법과정을 '법규범의 해석을 통한 권력의 매개'가 이루어지는 사법적 대표과정으로 생각할 경우, 이 세 기관은 모두 국가 쪽에서 시민 쪽을 향하는 맥락에 위치한다. 판사와 검사와 사법경찰관리는 모두 국가에 대하여 시민을 대표하기보다는 시민에 대하여 국가를 대표하는 맥락에서 포항 사회에 자리를 잡고 있다.

당연한 말이지만, 포항 사회에는 이와는 정반대 방향의 사법과정, 즉 '법규범의 해석을 통한 권력의 매개'를 시민 쪽에서 국가 쪽을 향하여 진행하는 사법적 대표과정도 존재한다. 당사자에 대한 법률상담 및 수임에서 시작하여, 고소와 고발, 소송제기, 변론 등이 이루어지는 이 본격적인 의미의 사법적 대표과정은 대부분 사적 전문직으로서의 법률가, 즉 변호사들에 의하여 진행된다. 물론 넓은 의미에서 사적 전문직에 속하는 직업군으로는 변리사, 세무사, 관세사, 회계사, 감정평가사, 행정사, 법무사, 공인중개사를 비롯하여 이른바 다양한 '유사법조직역'을 거론할 수 있으나, 사법적 대표과정에서 이들의 개입 또는 참여는 각자 전문성을 가진 해당 영역으로 제한되며, 그 경우에도 소송대리는 극히 예외적으로만 인정되고 있을 뿐이다. 이에 비하여 변호사의 소송대리는 원칙적으로 제한이 없고, 나아가 변호사는 국가법률가, 즉 판사나 검사로 임용될 수 있는 자격을 가지는 점에서 유사법조직역과 근본적인 차이를 가진다. 따라서 포항 사회에 존재하는 사법적 권력체제의 구조를 아래에서 위로 살피기 위해서는 일단 변호사집단에 초점을 맞추고, 그 밖의 유사법조직역에 관해서는 필요한 경우에 살펴보는 것으로 충분하다.

현재 대한민국의 사법체제에서 변호사집단을 대표하는 대한변호사협회는 변호사법에 따라 설립된 법정 단체로서 변호사의 연수, 등록, 교육, 징계 등에 관해 적지 않은 권한을 가지고 있고, 그 대표인 대한변호사협회장은 예컨대 대법관후보자, 헌법재판관후보자, 고위공직자비리수사처장후보자, 특별검사후보자 등의 선임과정에서 관련 법률에 따라 상당한 권한을 행사하기도 한다. 이와 같은 대한변호사협회의 법적 권한 중 상당 부분이 각 지방변호사회에 위임되어 있으므로, 변호사업무에 관한 한 각 지방변호사회가 행사할 수 있는 권한 또한 상당히 강력하고, 특히 각 지방변호사회의 회장은 해당 지역에서 이른바 '재야법조'를 대표하는 역할을 요구받는 경우가 대부분이다. 이러한 맥락에서 포항 사회에 존재하는 사법적 권력체제의 기본 구조를 드러내려면 대구지방변호사회 또는 그 포항분회를 반드시 거론해야 할 것이다.

포항 사회에 존재하는 사법적 권력체제에서 대구지방변호사회 포항분회는 대구지방법원 포항지원이나 대구지방검찰청 포항지청과 마찬가지로 대한민국 변호사조직의 거의 말단에 해당한다. 그러나 포항 사회에 존재하는 사법적 권력체제에서 대구지방변호사회 포항분회가 대구지방법원 포항지원이나 대구지방검찰청 포항지청에 필적하는 위상이나 중요성을 차지하지는 못한다. 일단 사적 전문직인 변호사직의 본질에 비추어 변호사회는 결속력 차원에서 국가기관과 비교할 수 없으며, 그나마 법률상 인정되는 변호사 연수, 등록, 교육, 징계 등의 권한도 대구지방변호사회 포항분회가 아니라 대한변호사협회 또는 대구지방변호사회에 차원에서 행사되기 때문이다. 대구지방변호사회 포항분회는 단지 대구지방변호사회에 소속된 포항 지역 변호사들의 모임일 뿐, 별다른 법적 권한을 가진다고 보기 어렵다.

대구지방변호사회 포항분회를 통해서 포항의 변호사집단이 실제로 행사할 수 있는 권력의 수준은 그 크기나 심도에서 대구지방법원 포항지원의 판사들이나 대구지방검찰청 검사들에 비교할 바가 아니다. 이러한 사정은 예컨대 포항 사회의 사법적 대표과정에서 변호사집단의 결속력이 필요한 구체적인 사안이 발생할 때 결정적인 문제로 대두될 수 있다. 물론 한국 사회 전체로 보면, 사법적 권력체제에서 변호사집단은 대한변호사협회나 각 지방변호사협회와 같은 법정 단체를 우회하는 특유의 방식으로 결속력을 갖추어 법원이나 검찰에 견줄 수 있을 만큼 강력한 영향력을 행사하기도 한다. 그 방식은 크게 둘로 나눌 수 있는데, 하나는 변호사들의 임의단체이고, 다른 하나는 대규모의 법무법인, 즉 대형 로펌들(large law firms)이다.

변호사들의 임의단체는 예컨대 '민주화를 위한 변호사모임'(민변)이나 '헌법을 생각하는 변호사모임'(헌변)과 같이 변호사들이 특정한 정치적 지향이나 목적을 가지고 단체를 결성하여 활동하는 것이고, 대규모의 법무법인은 다수의 변호사가 법무법인을 조직하여 분야별로 전문성을 발휘하거나 아예 모든 분야를 아우르는 포괄적 법률서비스를 제공하는 것이다. 변호사들의 임의단체는 정당이나 언론, 시민단체들과 연계하여 한국 사회의 정치적 의사결정과정에 영향력을 행사하는 경우가 많고, 대규모의 법무법인 특히 주요 대형 로펌들은 전직 고위직 판검사, 주요 정부 부처의 고위직 퇴직 인사, 외국 변호사들을 대거 고문으로 채용하여 싱크탱크(think tank)이자 사실상의 로비스트 역할을 수행하기도 한다. 이런 이유로 변호사들의 임의단체나 주요 대형 로펌들은 역대 정권에서 주요 고위 공직의 후보자 풀로 작용하기도 했다. 포항 사회의 사법적 권력체제에도 변호사들의 임의단체나 대규모의 법무법인이 존재하는지, 만약 존재한다면,

사법적 권력체제의 정점 부근에서 항상 벌어지는 이와 같은 현상들이 포항 사회에도 등장하는지 아닌지를 일단 주목할 필요가 있을 것이다.

사법적 권력체제에서 변호사조직 다음으로 주목할 것은 다양한 종류의 법학교육기관이다. 특히 법학전문대학원체제가 시행된 이후에는 변호사시험응시자격이 법학전문대학원 졸업(예정)자에게만 부여되므로, 법학교육기관들 가운데 유일하게 법학전문대학원은 사법적 권력체제의 공식적인 일부로 간주될 수 있다. 2008년 법학전문대학원을 인가할 때, 관련 당국이 법학전문대학원의 총정원을 고등법원 관할구역 별로 배분하고, 이를 다시 법학전문대학원에게 배정한 까닭에 대구고등법원 관할구역 내에는 오로지 경북대학교와 영남대학교에만 법학전문대학원이 설치되었다. 포항 사회에는 법학전문대학원은 없고 단지 소규모 4년제 사립 종합대학인 한동대학교에 법학부, 대학원 법학과, 그리고 미국법과 국제법을 가르치는 독특한 전문대학원인 국제법률대학원이 존재할 뿐이다. 이공계 특성화 사립대학인 포항공과대학교에는 법학전공은 없지만, 교양선택과목으로 일부 법학과목이 개설·운영되고 있다.

사법적 권력체제에서 법학교육기관이 중요한 까닭은 법학의 교육 및 연구과정에서 자연스럽게 법적 공론장을 만들어내기 때문이다. 강의와 연구, 논문작성, 학술지 발행, 세미나, 특강, 법실무계와의 학술교류 등 다양한 방식으로 법적 공론장은 재판과 소송, 수사·기소·변론·선고 등 사법적 대표과정 내부의 공식적인 담론들을 비판적으로 재구성하면서 이를 학술적, 시민적, 정치적 공론장의 평가에 부친다. 법적 공론장에는 언론 또한 중요한 축으로 작동하지만, 그 관심은 대개 법원과 검찰의 인사와 같은 정치적 측면이나 시민들의 민원 쪽에 기울어지기 쉽다. 이에 비하여 법학교육기관은 무엇보다 법에 관해 독자적인 교육 및 연구 기능을 갖춘 까닭에 장기적으로는 법적 공론장의 모판이자 좌장이 될 가능성이 크며, 이와 같은 활동 전체의 중심 역할은 다름 아닌 법학 교수에게 주어진다. 이 점에서 포항 사회의 법적 공론장을 법학교육기관 및 법학 교수들을 중심으로 살펴볼 필요가 있을 것이다.

대구지방법원 포항지원, 대구지방검찰청 포항지청, 경상북도지방경찰청의 세 경찰서, 대구지방변호사회 포항분회 등과 함께 포항에 소재하는 대학의 법학교육단위는 포항 사회의 사법적 권력체제에서 기본적인 구조를 이룬다. 이에 더하여 사법적 권력체제의 주변부로는 대체로 아래와 같은 것들을 거론할 수 있을 것이다.

분포도

- ● 법원청사
- ○ 검찰청사
- ○ 경찰청사
- ● 변호사 사무실
- ● 법률대학원

포항북부경찰서 ○
한동대학교 국제법률대학원 ●
대구지방검찰청 포항지청 ○
대구지방법원 포항지원 ●

포항해양경찰서 ○

포항남부경찰서 ○

울릉군

(1) 국선전담변호사나 전담조정위원 등 기본적으로 법률구조 변호사들이 맡는 직위들
(2) 전통적으로 각 지역의 지원장이나 시니어 부장판사들이 위원장을 맡아온 지역선거관리위원회
(3) 가사조정위원조직이나 범죄예방위원회와 같이 법원, 검찰, 또는 경찰에서 운영하는 지역전문가조직
(4) 변리사, 세무사, 관세사, 회계사, 감정평가사, 행정사, 법무사, 공인중개사 등과 같은 이른바 '유사법조직역'
(5) 지역 언론의 사법 또는 법조 전문 부서
(6) 포항지원장이나 포항지청장 등이 참여하는 소위 기관장협의회 등

흥미롭게도 한국 사회에는 이상에서 살핀 사법적 권력체제의 공식적인 구성 부분들을 종횡으로 연결하는 비공식적인 연결망이 존재한다. 그 가운데 반드시 언급해야 할 것은 두 가지로 좁혀진다. 하나는 공간적 인접성이고, 다른 하나는 인적 네트워크이다.

한국 사회의 사법적 권력체제가 보여주는 공간적 특징은 단연 법원과 검찰이 공간적으로 매우 인접한 거리에 존재한다는 것이다. 심지어 두 기관이 아예 하나의 공간 구성, 즉 단지 안에

자리를 잡은 경우도 허다하다. 대구지방법원 경주지원 및 대구지방검찰청 경주지청에서 각기 독립한 대구지방법원 포항지원 및 대구지방검찰청 포항지청은 1998년 10월 1일 출범할 당시부터 포항시 북구 양덕동 신개발지의 북쪽 끝에 자리 잡은 이른바 법원단지에 똑같은 높이의 건물을 나란히 짓고 입주했다. 당시에는 포항지원 및 포항지청 이외에 주위에 건물이 몇 개 없었고, 몇몇 신축건물에 지역 변호사들이 사무실을 열기 위해 입주한 정도였으며, 변변한 식사를 하려면 시가지가 조성된 남쪽으로 자동차를 타고 한참 나와야만 했다.

포항지원 및 포항지청이 출범한 지 25년 지난 2023년 현재 포항지원과 포항지청 주위에는 가히 상전벽해라고 할 만큼 엄청난 변화가 벌어졌다. 황량하기 짝이 없던 신개발지에는 25년 동안 거대한 아파트단지들이 이곳저곳에 차례로 들어섰고, 현재도 여전히 공사가 계속되고 있으며, 그 결과 장량동은 단일 법정동으로는 경상북도에서 가장 인구가 많은 동이 되었다. 물론 2000년대 들어 해당 지역의 북쪽에 영일만 신항이 개발되고, 그 배후에 이차전지를 비롯한 신산업을 중심으로 국가산업단지가 조성된 영향이 크다. 약간 서쪽에 1995년에 개교한 한동대학교 캠퍼스가 발전을 거듭하고, 포항시가지와 캠퍼스를 연결하는 새로운 도로가 개설된 측면도 있다. 2022년에는 그동안 구도심에 있던 포항 북부 경찰서가 새로운 청사를 짓고 포항지원 및 포항지청에서 아주 가까운 지역으로 이전했다.

공간적 인접성은 사법적 권력체제의 구성원들이 서로에 대하여 비교적 쉽게 접근할 수 있는 물리적 조건을 제공한다. 그리고 이와 같은 물리적 인접성은 사법적 권력체계 안팎에서 사용되는 특수한 언어적 관행이나 문화적 관행의 배경이 되기도 한다. 예를 들어, 대한민국의 법조사회가 상당히 오랫동안 '폭탄주'로 대표되는 독특한 음주 문화를 공유해 왔고, 그 공간적인 배경이 서울특별시의 서초·강남지역이었던 것은 잘 알려져 있다. 그러나 공간적 인접성 및 그와 연결된 언어적·문화적 관행을 넘어 더욱 미시적인 차원에서까지 직접적인 연결망을 확인하려면, 역시 인적 네트워크에 대한 분석이 필요하다.

주지하듯 법학전문대학원-변호사시험체제 이전의 사법시험-사법연수원체제에서는 군법무관시험 출신의 일부 변호사들을 제외한 모든 법률가가 사법시험 횟수와 사법연수원 기수라는 연결고리를 공유했다. 따라서 그 두 가지 기본적인 연결고리에 출신대학과 전공, 출신 지역이나 출신 고등학교 정도를 알면 특정 법률가에 대한 구체적인 정보를 찾는 것은 그리 어렵지 않았다. 여성 법률가의 숫자는 매우 적었으므로, 여성이라는 특징만으로도 구체적인 정보의 확인이 용이해지는 측면이 있을 정도였다.

그러나 법학전문대학원-변호사시험체제 이후에는 종래와 같은 특징들만으로 사법적 권력체제의 구성원들 사이에 존재하는 인적 네트워크를 확인하기에 분명한 한계가 존재한다. 동일한 법학전문대학원 출신이거나 변호사시험 기수가 같다고 해서 특정한 공통점을 가진다고 말하기 어렵고, 만약 그렇더라도 출신 대학, 학부 전공, 사회 경험 등에 따라 수많은 변이가 존재할 수 있기 때문이다. 여성 법률가의 숫자가 엄청나게 늘어나면서, 성별의 차이 또한 단지 참고사항에 불과한 수준이 된 지 오래이다. 출신 지역이나 출신 고등학교를 따지는 것 역시 특정 지역에 관련된 문제에서만 의미가 있을 따름이다. 포항의 법률가에 대한 분석에 있어서도 법학전문대학원-변호사시험체제가 대한민국 법률가집단 안팎에 불러온 이와 같은 변화는 반드시 유의할 필요가 있을 것이다.

V

포항의 법률가

지금까지 이 글은 포항의 법률가에 대한 법사회학적 소묘를 위한 배경지식 및 밑그림을 확보하기 위해서 '사법도 대표'라는 생각에서 출발하여 몇 가지 작업을 진행했다. 첫째는 '사법적 거버넌스와 로컬리티'의 관계를 중심으로 사법과정에 관한 이른바 정상이론의 명백한 공백을 채우는 작업이었고, 둘째는 1998년 10월 1일 대구지방법원 포항지원과 대구지방검찰청 포항지청이 공식적으로 출범하기 전까지 포항 사회에서 법 또는 사법이 형성되어 온 과정을 살펴보는 작업이었다. 이 두 작업을 토대로 삼아, 바로 앞 장에서는 포항의 법률가가 실제로 활동하고 있는 제도적 울타리인 사법적 권력체제의 구조에 관하여 개괄적인 탐구를 마무리할 수 있었다.

이제부터 이 글은 본격적으로 포항의 법률가에 대한 법사회학적 소묘를 시작해 보려고 한다. 포항 사회에 사법적 권력체제가 출현한 지 5년이 되던 지난 2003년 나는 우연한 기회에 자료조사, 참여관찰, 인터뷰 등을 통하여 포항의 법률가에 대한 소략한 묘사를 진행한 적이 있었다.[39] 이 글에서는 일단 그 결과를 앞서 언급한 사법적 권력체제의 구조에 비추어 간단히 요약·소개한 뒤, 그로부터 20년이 지난 2023년 현재 포항의 법률가가 어

---

39 이국운, 「포항지역 법조문화에 대한 법사회학적 연구」, 법과 사회 제27호, 2004

떠한 모습으로 존재하고 있는지를 유사한 방식으로 살펴보고자 한다. 그다음에는 2003년과 2023년의 상황을 비교하면서 무엇이 변했고, 무엇이 변하지 않았는지를 확인한 다음, 그 이유에 관하여 '사법도 대표'라는 관점에서 일종의 법사회학적 해석을 진척시켜 볼 것이다.

다만, 구체적인 묘사에 앞서서 한 가지 언급할 점이 있다. 포항의 법률가를 묘사하기 위해서는 법률가들의 인적 사항 등을 수집할 수밖에 없으며, 이를 위해 나는 각 기관의 홈페이지나 언론 보도 등에서 나타나는 자료들과 함께 법률가들이 흔히 사용하는 법조인대관과 각종 인터넷 법률 사이트의 공개된 자료를 최대한 활용했다. 그 이외의 사항들은 몇 건의 인터뷰와 다양한 방식의 참여관찰에 의존했으나, 수집할 수 있는 자료들의 범위가 제한되어 있고, 그마저도 2003년과 2023년 사이에 현격한 차이가 있어서, 부득이 다소의 공백을 남겨둘 수밖에 없었다. 이에 관해서는 차후의 연구에서 보완할 것을 기약하는 수밖에 없을 듯하다.

1. 2003년

판검사들

2003년 당시 포항 사회에는 모두 10명의 판사와 14명의 검사가 존재했다. 이 가운데 지원장을 포함한 두 사람은 부장판사였고, 지청장을 포함한 세 사람은 부장검사였다. 부장판사 두 사람은 각각 민사 및 형사합의부를 이끌고 있었으며, 지청장을 제외한 부장검사 두 사람은 각각 형사1부와 형사2부를 이끌고 있었다. 다른 사람들은 민사, 형사, 가사 단독판사들 또는 배석 판사들이거나 서열에 따라 1호, 2호, 3호…하는 식으로 번호가 붙어 있는 평검사들이었다. 당시에 전국적으로 판사 숫자가 검사 숫자보다 약 400여 명 더 많았던 것을 고려한다면, 이처럼 포항 지역에 검사 숫자가 판사 숫자보다 더 많았던 것은 상당히 이례적이라고 볼 수 있다. 그만큼 포항 지역에 검찰이 해결해야 할 일이 많았다는 의미였을 것이다. 평판사 가운데는 여성 판사가 2명 있었고, 평검사 중에는 여성 검사가 2명 있었다.

판사들과 검사들의 연령분포는 거의 비슷했다. 지원장과 지청장은 40대 후반에서 50대 초반이었으며, 모두 법조경력이 20년 정도 된 사람들이었다. 그 밖의 부장판사와 부장검사들은 모두 40대 초반이었고, 부장검사들은 아마도 평검사에서 부장검사로 승진한 다음 포항이 첫 번째 임지인 듯 보였다. 법원 쪽이 승진이 늦어서인지 법조 경력은 부장판사 쪽이 부장검사들보다 대체로 2-3년 앞섰다. 평판사들과 평검사들은 모두 30대 초반에서 30대 후반의 연령분포를 보였다. 법조경력 역시 3년에서 10년 사이로 비슷했지만, 상대적으로 검찰 쪽의 법조경력이 더 짧은 편이었다. 후술하는 변호사들에 비해서는 판검사 모두가 연령도 더 젊고 법조경력도 더 짧았다. 변호사들은 거의 모두 40대 이상이고 50대도 상당히 많았기 때문에, 민형사를 막론하고 포항지원의 공판정에서 벌어지는 단독재판부의 재판에는 30대 판검사 앞에서 4-50대 변호사가 변론을 이어가는 광경이 흔히 벌어지곤 했다.

출신 지역 및 출신 대학의 측면에서는 판사들과 검사들이 흥미로운 차이를 보였다. 먼저 출신 지역의 측면에서, 판사 중 다수는 포항 인근의 대구광역시나 경상북도 출신이었고, 그 이외의 지역 출신은 소수였다. 출신 대학은 서울의 명문 법과대학인 경우가 많았지만, 대구광역시나 경상북도 출신의 경우에는 대체로 고등학교까지를 지역에서 마친 뒤 서울로 올라간 경력을 공유하고 있었다. 이런 경향은 아마도 흔히 향판(鄉判)이라고 불리는 지역 법관들이 대구지방법원 관할구역 내에 상대적으로 많았고, 이들이 대구지방법원의 본원과 포항지원 사이를 순환하여 근무했기 때문이었을 것이다. 당시 지역 법관은 수도권에서 4년을 근무하면 지방으로 3년을 내려가야 하는 판사들의 순환근무제도를 선택하지 않고 스스로 특정 지역에서만 근무할 것을 법원행정처에 신청한 판사들을 의미했다. 2003년 당시 대구지방법원의 관할구역 내에 이런 판사들이 특히 많았고, 그 때문에 심지어 서울의 대법원 법원행정처와 때때로 긴장 관계가 형성되기도 한다는 소문이 있었다. 지역 법관은 대개 대구지방법원의 본원에서 2년을 근무하면 포항지원을 비롯한 그 소속 지원에서 2년을 근무하는 방식으로 인사가 이루어지고 있었다. 따라서 포항지원에 근무하는 지역 법관들은 부임 후 2년이 지나면 다시 대구지방법원 본원으로 돌아갈 예정이었다.

그러나 검사들의 경우에는 이상과 같은 경향이 전혀 발견되지 않았다. 출신 지역은 가히 전국에서 모였다고 할 만큼 다양했으며, 포항 출신은 단 한 명밖에 없었다. 출신 대학 역시 판사들에 비해 훨씬 다양했으며, 모두가 검사로서 포항에 부임한 것은 처음이었다. 이와 같은 구성은 아마도 적극적인 수사를 통해 불법을 척결해야 하는 검찰조직의 특수성에서 비롯되었던 것으로 추측된다. 연줄로 이어진 사적 네트워크가 대단히 중요한 한국 사회의 현실에서, 아무래도 연고 지역에 검사가 부임하면, 청탁 등으로 신경을 쓰게 되는 경우가 적지 않기 때문이다. 검찰에는 지역 법관과 같은 제도는 없고, 인사는 전국을 단위로 이루어지며, 사법시험이나 사법연수원성적이 인사 평가의 기준으로 거의 평생을 따라다닌다는 풍문이 있었던 판사들에 비하여 검찰조직의 내부 평가가 압도적으로 중요하다고 알려져 있었다. 포항지청에 부임하면 대개 2년 정도 근무하는 것이 원칙이지만, 2003년경에는 검찰 수뇌부의 잦은 교체로 인해 그보다 자주 인사이동이 되는 경우가 적지 않았다. 전국의 지청들 가운데 포항지청은 지청장 밑에 부장검사가 2인이 배치될 만큼 부치지청 중에서도 규모가 큰 편이고, 수사 검사로서 실력을 발휘할 수 있는 대형 사건도 적지 않기 때문에, 젊은 검사들이 비교적 근무하기를 선호하는 곳이고, 그래서 상대적으로 전도가 유망한 검사들이 배치된다고 알려져 있었다.

여러 가지 상황으로 볼 때, 거의 모두가 타지 출신인 검찰 쪽보다는 그래도 가까운 지역 출신이 많은 법원 쪽이 포항 사회의 지역 사정 등에 훨씬 밝을 것 같지만, 사실은 정반대라는 것이 정설이었다. 원래 소극적이고 내성적인 사람들이 많은 판사들은 외부인들을 만나는 기회가 별로 없어 점심 식사도 자기들끼리 해결하는 경우가 대부분이었으며, 특히 담당 사건에 관해서는 변호사는 물론 법원 직원들도 만나는 일이 거의 없다고 알려져 있었다. 당시 인터뷰에 응했던 한 판사는 심지어 청탁이 있으면 역효과가 나는 분위기라고까지 말했을 정도였다. 게다가 업무의 성격상 법정에서 재판을 진행하는 것 외에는 대부분 사무실에서 사건기록에 파묻혀 지내는 까닭에 실제로 포항 사회의 일반 시민들을 제대로 만날 시간적 여유가 없었다. 이런 이유로 사건당사자들이나 법원 직원들 이외에 판사들이 비교적 편하게 만날 수 있는 일반 시민들은 법원이 운영하는 조정위원들 정도에 국한되는 것으로 보였다. 이는 일반적으로 변호사를 비롯하여 지역사회의 유력인사들로 구성되는 조정위원들이 포항지원의 판사들과 대면 관계를 유지하는 일종의 특권을 누린다는 의미일 수도 있었다.

이에 비해 검사들은 피의자들은 물론 고소·고발인, 피해자 등을 통해 포항 사회의 다양한 측면, 특히 일반 시민에게 드러나지 않는 어두운 측면까지를 살펴볼 수 있으며, 나아가 수사관들을 동원하여 그 이면을 적극적으로 파헤칠 수 있는 나름의 장점을 갖고 있었다. 물론 지역 사정에 대한 전반적인 오리엔테이션을 갖지 못한 채, 검사가 수사와 관련해서 구체적인 정보를 수집하는 데만 열중하다 보면, 부지중에 판단의 균형을 잃을 위험을 배제하기 어려웠다. 이런 이유로 검찰조직에서는 예를 들어 범죄예방위원들을 다수 위촉하는 방식 등으로 간접적이나마 지역사회와의 소통을 시도했는데, 이러한 방식은 거의 비슷한 중앙집권적 조직구조를 가진 경찰조직에서도 이루어졌다. 문제는 이 과정에서 관변위원들이 검사들에게 지역 사정에 관하여 특정한 오리엔테이션을 가지도록 부지불식간에 길을 터 주는 경우가 생긴다는 점이다. 2003년 당시 인터뷰에 응했던 한 변호사는 이러한 관행이 검사와 달리 한 곳에서 계속 근무하는 검찰 수사관들의 토착성과 엇물리면서 상당히 부정적인 결과를 초래한다고 언급하기도 했다. 다만, 이러한 평가에는 원래부터 조직 위주로 움직이는 검사들의 성향과 훨씬 개인주의적인 판사들의 성향 차이를 반드시 고려해야 할 것이다.

여기서 얻어지는 한 가지 결론은 의도적이든 그렇지 않든 2003년 당시 포항 사회에서 판검사들이 다른 구성원들로부터 상당히 격리되어 있었다는 것이다. 부가적인 요인들로는 판검사들의 업무공간인 법원청사와 검찰청사가 건물도 몇 개 없는 신개발지에 덩그러니 서 있었다거나, 판검사들 대부분이 지정된 관사에서 거주하고 있었던 것, 또한 지역 법관들의 경우에는 주말마다 식구들이 있는 대구광역시로 돌아갔다는 것 등도 지적할 수 있다. 한마디로 포항 사회의 판검사들은 사건관계자들을 접하는 공적 업무를 제외하고, 포항의 일반 시민이 살아가는 실제의 시공간에 참여할 기회 자체를 확보하지 못하고 있었다. 게다가 그나마 포항 사회를 알 수 있는 주된 통로인 지역 변호사들과의 접촉도 그다지 생산적이지 않았던 것 같다. 일단 지역 변호사들의 연배가 훨씬 위인 데다가, 사건 관련으로는 피차 항상 직업적인 긴장을 유지해야 하는 관계이기 때문에, 지역사회의 문제를 분석하고 대안을 토론하는 차원까지 교분을 발전시키기 어려웠다는 것이다. 그러므로 퇴직 후 포항 지역에 변호사 개업을 할 생각이 아닌 다음에야 판검사들이 포항 사회를 관할구역 이상의 관심을 가지고 이해하거나 대변하기는 애초부터 불가능한 상황이었다고 볼 수 있다. 업무부담이 비교적 가벼운 포항지원장이나 포항지청장 정도가 기관장으로서 지역사회의 문제에 어느 정도 참여하고, 일부 판사들이 관행적으로 책임을 맡아 온 선거관리위원업무 등에 제한적으로 관여하는 정도에서 포항 사회와 최소한의 교류가 진행되고 있었을 따름이다.

이처럼 2003년 당시 현실적인 사법적 대표들인 판검사들은 상당히 고립된 생활을 하면서 업무에 관련하여 선택적으로만 포항 사회와 접촉하는 상황이었다. 게다가 이들은 최장 2-3년 동안 포항에서 근무하면 다른 곳으로 임지를 옮길 수밖에 없었다.

따라서 포항의 법률가 전체로 보면, 이미 포항 사회에서 뿌리를 박고 있는 변호사들의 역할이 장기적으로 중요해질 수밖에 없었다. 사법과정의 성격상 형사사건 전부와 민사사건 대부분에는 변호사의 참여가 필요한데, 다른 지역 변호사들이 출장 오는 경우를 제외한다면, 이 모두가 실질적으로 포항 지역 변호사들에 의해 수행되었기 때문이다.

변호사들

2003년 당시 포항 지역에는 모두 32명의 변호사가 존재했다. 그중에는 연로하거나 다른 이유로 변호사업무를 중단한 사람들이 있어 실제로는 28명 정도가 활동하고 있었다. 당시 김천의 변호사가 20명이었고 안동의 변호사가 12명 정도였던 것에 비하면, 이 정도의 변호사 숫자는 상당히 큰 규모였으며, 서울이나 광역시 또는 도청소재지 등을 제외한 전국의 지원·지청 소재지 가운데서도 가장 큰 축에 속했다. 포항지원과 포항지청이 개설된 지 불과 5년밖에 지나지 않은 시점에 이처럼 상당히 규모가 큰 변호사집단이 포항 사회에 형성되었던 것은 당시 포항에 사법 서비스의 수요가 상당했음을 나타낸다.

포항의 변호사들은 모두 대구지방변호사회 포항지회에 소속되어 있었고, 무료 법률상담과 같은 공익활동을 함께 하고 있었다. 흥미롭게도 여성 변호사는 한 명도 없었으며, 변호사들은 거의 모두가 40대 이상이었고, 50대 이상도 7-8명 정도 확인할 수 있었다. 사법연수원을 수료한 뒤 곧바로 개업한 변호사들은 상대적으로 법조경력이 짧았지만, 같은 경력의 판검사들에 비해서는 나이가 훨씬 많은 편이었다. 이는 아마도 해당 변호사들의 사법시험 합격연도가 상대적으로 늦은 까닭이었을 것이다. 군법무관시험 출신 변호사도 2명이 있었다.

소수의 예외를 제외하고 포항의 변호사 사무실들은 크게 두 장소에 몰려 있었다. 하나는 법원청사와 검찰청사가 나란히 자리 잡은 북구 장성동의 속칭 법조타운이었다. 그러나 말만 법조타운이지, 법원청사와 검찰청사 주위는 전혀 개발이 이루어지지 않아, 변호사 간판을 매단 몇 개의 신축건물들만이 을씨년스럽게 자리 잡고 있었을 뿐이다. 이곳은 1998년 이후에 경주 등지에서 옮겨 온 변호사들이 주로 개업했던 장소이기도 했다. 다른 하나는 포항의 오래된 도심인 북구 덕산동, 신흥동 일대였다. 여기는 포항시청, 북구청, 북부경찰서, 포항세무서 등이 몰려 있어 상대적으로 의뢰인들의 접근이 용이한 까닭에 법원과 검찰청이 설치되기 이전부터 몇 명의 변호사들이 사무실을 가지고 있었다. 두 장소 모두 변호사 사무실 주위에는 법무사, 행정사, 세무사, 공인회계사 등의 사무실이 많았으며, 특히 신개발지인 장성동 지역에는 공인중개사 사무실이 부지기수였다.

 출신 지역 및 대학에 있어서 변호사들은 판검사들과는 차이를 나타냈다. 출신 지역은 압도적으로 대구·경북지역이 많았고, 그중에도 포항(영일)이나 인근의 경주, 영천 출신들이 대다수였다. 상대적으로 개업 이력이 오래된 변호사 중에는 경주나 대구에서 개업했다가 포항에 지원과 지청이 설치되면서 사무실을 이전한 경우도 상당수 있었다. 판검사 출신인 소위 전관 변호사들은 대개 경주나 영덕에서 근무한 경험이 있었으며, 포항에 법원과 검찰청이 생긴 뒤 4-5년이 지나면서 2003년 현재로는 과거 포항지청에서 검사로 근무했던 변호사가 포항에서 개업한 일도 생겼다. 출신 대학은 상당히 다양했으나, 크게는 두 가지 유형으로 나눌 수 있었다. 사법연수원 수료 후 바로 개업한 변호사 중에는 대구·경북지역에서 대학을 마친 경우가 대부분이었다. 반면 판검사를 거친 전관 변호사들은 서울의 명문대학 출신들이 많았다. 물론 후자의 경우에도 대개는 고등학교를 대구·경북지역에서 마쳤고, 판검사 경력 가운데 경주나 대구에서 근무한 경험이 있었다. 요컨대, 2003년 현재 포항의 변호사들은 대부분 어떤 형태로든 포항 또는 인근지역과 연고를 확보하고 있었다.

외지에서 들어왔다가 2-3년 만에 떠나는 판검사들에 비해, 이처럼 지역사회에 연고를 가진 변호사들은 아무래도 정보가 많고 사정에 밝았다. 그렇다면 이들은 그와 같은 장점을 바탕으로 이를테면 적극적인 공익소송개발활동(cause lawyering) 등을 통해 포항 사회에서 사법적 대표기능을 수행했을까? 하지만 2003년 당시 포항 사회에서 실제로 그런 활동을 적극적으로 주도하는 변호사는 찾아보기 어려웠다. 예외적으로 한 중견 변호사가 시민단체가 설립한 '부패방지신고센터'의 운영위원장을 맡기도 했으나, 센터의 활동 자체는 활발하지 못했다. 사법과정을 통한 정치적 문제 제기에 관해서도 변호사들은 능동적인 개입보다는 수동적인 소송수행에 머물렀다. 일례로 당시 포항 사회의 가장 중요한 현안이었던 '송도해수욕장 백사장 유실 피해보상 건'을 들 수 있다. 이 사안에서 송도해수욕장 주민, 포항의 시민단체, 포항시, 포스코의 입장 및 이해관계는 매우 복잡하게 엇물렸고, 집단소송 직전까지 여러 과정을 거쳤으나, 결과적으로는 이례적으로 포항시장이 직접 '송도상가 피해보상 대책협의회'의 위원장을 맡아 6년 만에 포스코와 피해보상을 타결했다.[40] 이처럼 지

---

40 포항시 구도심에서 영일만 바닷쪽에 위치한 송도의 상가주민들은 1968년 포스코 건설 이후 인접한 백사장이 점차 사라져 장기간 영업 피해를 입었다는 이유로 1999년 12월부터 포스코에 피해보상을 요구해 왔다. 그 뒤 양자는 합의 하에 2001년 10월 한국해양연구원에 피해조사를 의뢰했으며, 동 연구원으로부터 포스

역의 현안을 사법과정이 아니라 법집행과정을 포함한 일종의 정치과정에서 해결하려는 경향은 2003년 당시 포항에 분명하게 남아있었다.[41] 이 사안의 경우, 사안 자체가 사법과정으로 넘어오지 않았으니, 지역 변호사들이 개입할 여지도 없었다.

> 코 건설 이후 송도해수욕장 상가 일대의 모래가 서서히 사라졌으며 그 원인은 포스코 건설에 따른 준설작업의 영향이 75%, 방파제연장공사와 자연재해 등의 영향이 25%라는 조사결과를 통보받았다. 이에 따라 2003년 봄부터는 피해보상을 위한 협의가 9차례 진행되었는데, 그 과정에서 주민대표 2명, 포스코 2명, 시의회 의원 1명, 지역발전 협의회 1명 등 8명으로 이루어진 '송도실무소위원회'가 주도적인 역할을 했다. 250억원을 요구하는 송도 상가주민들과 100억원을 제시하는 포스코의 입장이 맞서 합의가 순탄하게 이루어지지는 못했으나, 결국 지리한 협상과정을 거쳐 2004년 9월에 이르러 최종적인 타협에 이르렀다.
>
> 41 흥미로운 것은 법집행과정을 포함한 정치과정을 선호하는 이러한 경향이 당시 포항지역의 기득권 정당 소속이던 포항시장만이 아니라 야당 정치인에게도 공유되고 있었다는 점이다. 예를 들어, 1990년대 중반 이후 포항 사회에서 오랫동안 야당(민주당)의 핵심 정치인으로 활동했던 故 허대만 전 포항시의원은 사법과정을 활용하려는 발상 자체를 논외로 취급하면서, 송도해수욕장 주변 국유지인 산1번지 일대의 조속한 불하를 핵심대안으로 제시했다. "…송도해수욕장 백사장 유실 문제를 둘러싸고 송도주민, 포항시, 포항제철, 시민단체의 입장이 아직은 제각각이고 백사장 유실의 원인에 대한 사실관계에 대한 견해도 다르기 때문에 아직은 이 문제가 어떻게 전개될지 아무도 짐작할 수 없는 상태이다. 필자는 송도해수욕장 백사장 유실문제를 바라보는데 있어서 해수욕장 기능의 복원, 백사장의 복원 등도 중요한 문제이지만 더욱 중요한 것은 송도동 산1번지 인근에 거주하며 생업을 이어가고 있는 주민들과 상인들의 생존권 문제를 해결해야 한다는 점이라고 생각한다. 포항시, 포항제철, 시민단체는 원칙과 원론의 차원에서 이 문제를 쉽게 바라볼 수도 있을 것이다. 그래서 자칫하면 송도해수욕장 문제를 해결하는데 있어서 지나치게 법리에 얽매여 송도동 주민들이 고통스러운 생활환경의 개선이나 현실적인 어려움의 해결에 대해 가볍게 생각할 수도 있을 것이다. 분명한 것은 송도 산1번지 주민의 생활환경의 개선과 어려움의 해결이 전제되지 않는 어떠한 대책도 송도문제를 해결할 수 없다는 점이다. 무허가 상태가 수십 년 지속된 가운데 형성된 주거, 상업지를 인위적으로 정리하고 송도문제를 해결하기는 거의 불가능하기 때문이다.…" 허대만, 『지역을 바꿔야 나라가 바뀐다-포항의 푸른 희망 허대만의 세상읽기』, 도서출판 새암, 2002, 209면에서 인용(이 글은 원래 자치포항 2000년 제3호에 실렸다).

법조일원화가 이루어져서 변호사들이 판검사로 임용되는 체제는 2003년 당시로는 아주 먼 이야기였다. 따라서 소송대리인으로 사법절차에 참여하는 것 이외에 변호사들이 사법적 대표의 역할을 실제로 수행할 수 있는 기회는 많지 않았다. 공식적인 변호사협회 활동이나 민변 또는 헌변 등 임의단체의 활동, 그리고 방송을 비롯한 매스미디어 활동 등을 통해 변호사들의 사회참여가 매우 활발한 서울에 비하여 포항 지역에선 그러한 기회 자체가 거의 없었다.

이런 까닭에 포항 사회에서 변호사들의 공익적 사회참여는 매우 상징적인 차원에 머물러 있는 것으로 보였다. 이를테면, 관행적으로 포항지원의 지원장이나 부장판사가 위원장을 맡는 남구와 북구의 선거관리위원회에 위원으로 참여하거나, 관심사에 따라 각종 시민단체 또는 종교단체의 이사진에 참여하는 정도였다. 예컨대, 포항시고교평준화추진위원회, 포항 십대들의 둥지, 포항 YMCA, 포항 녹색소비자연대 등의 이사진에서 변호사들을 확인할 수 있었다. 지역에서 개업한 변호사의 정치 참여도 의외로 희소한 편이어서, 1995년 이후 지역 출신의 검찰 출신 중견 변호사가 포항시장 선거와 국회의원 선거에 출마했다가 낙선한 것이나, 포항에서 개업했던 검찰 출신 변호사가 경상북도의 다른 지역에서 국회의원으로 당선된 것 정도를 꼽을 수 있을 정도였다.

이처럼 포항의 변호사들이 정치사회적으로 상당히 소극적인 역할에 머물러 있는 까닭은 부분적으로 경제적 이유 때문으로 보였다. 서울이나 외국의 경우 다양한 공익법 활동에는 변호사단체나 시민단체, 아니면 중규모 이상의 로펌이 기반을 제공하는 경우가 많다. 하지만, 2003년 당시 포항에는 변호사의 공익활동을 뒷받침할만한 변호사단체나 시민단체가 존재하지 않았으며, 본격적인 의미의 로펌도 찾아보기 어려웠다. 구성원 변호사(partner) 이외에 고용변호사(associate)를 두고 있는 법무법인은 단 하나(일월)였지만, 아주 소규모였고, 그 밖의 변호사 사무실들은 공증업무를 담당하기 위해 형식적으로만 법무법인의 형태를 갖추고 있을 뿐이었다. 후자의 경우에는 다른 지역 변호사들과 법무법인을 구성한 뒤, 포항에는 분사무소의 형태를 취하고 있는 예도 있었다. 따라서 당시 포항 변호사들의 개업 형태는 사실상 거의 전부가 단독개업이었다고 말할 수 있다. 이는 전형적으로 변호사 한 사람이 사무장과 사무보조원, 그리고 운전기사 등을 고용하여 소송업무를 수행하는 형태를 말한다. 사무실을 유지할 책임을 직접 져야 하는 경우 개업 변호사가 일종의 자영업자와 유사한 심리구조를 가지게 되는 것은 시간문제다.

　이와 같은 상황에서 포항의 변호사들은 수입을 의뢰인들의 수임료에 의존할 수밖에 없었던 것 같다. 앞서 말했듯, 새로 개발된 법조타운에는 변호사들이 개업을 위해 아예 건물 자체를 지었다는 소문이 있었으나, 주변 지역에 아직 아무런 개발이 이루어지지 않았던 까닭에 건물 숫자가 적었음에도 공실이 상당히 많았다. 따라서 변호사들은 유일한 수입원인 의뢰인과의 관계에 신경을 쓸 수밖에 없고, 이를 위해서는 의뢰인과 변호사 사이의 매개자들을 잘 관리해야 했다. 후술하듯 당시 포항의 일반시민들 및 하위법조직업종사자들의 인터뷰에서 의뢰인들은 거의 예외 없이 중간의 매개자들을 거쳐서 변호사를 선임한다고 답변했다.

이런 관점에서 당시 인터뷰에 응한 변호사들은 변호사 영업에 있어서 관건이 해당 변호사의 능력에 대한 평판(입소문)과 이를 사건수임으로 연결할 수 있는 사무장의 영업력이라는 점을 부인하지 않았다. 특히 형사사건의 경우에는 한 변호사가 '업자들'이라고 지칭한 매개 집단을 '끼는' 것이 핵심이며, 이를 도외시할 생각이면, 차라리 민사사건에 진력하는 것이 낫다고도 했다. 물론 포항지원이나 포항지청에서 판검사로 근무한 경력이 있는 소위 전관 변호사나, 지역사회에 탄탄한 연고가 있는 변호사라면 사무장 등에 의존하지 않고 사건수임에 관하여 나름대로 경쟁력을 가질 수는 있었을 것이다. 그러나 그렇지 못하면, 순식간에 사무실을 유지할 수 없을 만큼 수입이 격감하기도 한다고 이들은 토로했다. 당시 인터뷰에 응한 변호사 중 두 사람은 포항의 소송 사건 수임 시장이 이미 포화상태에 이르렀다고 진단하면서, 특히 전관 출신의 일부 변호사들에게 사건이 집중되는 현상 때문에 일부 변호사는 사실상 개업을 포기했고, 다른 지역에서 변호사들이 옮겨왔다가 얼마 버티지 못하고 돌아가기도 했다고 말했다. 상대적으로 좁은 사법서비스 시장에서 상대적으로 평판이 좋은 변호사들에게 사건이 몰리는 경향은 분명히 확인할 수 있었다.

이와 같은 경제적, 직업적 조건 속에서 포항의 변호사들이 판검사와 동등한 이른바 '재야 법관'으로서의 정체성을 유지하기란 쉬운 일이 아니다. 더구나 그러한 정체성을 자영업자와 비슷한 심리구조 및 경제적 조건과 조율하는 것은 대단히 어려운 일일 수밖에 없다. 바로 여기에서 포항의 변호사들은 최소한 사무장이 하는 일을 변호사가 직접 해서는 안 된다는 수준에서 묵시의 카르텔을 맺고, 소송수행과 관련된 일이 아니라면 공론장의 전면에 나서길 꺼리는 '지역유지'로서의 아이덴티티에 익숙해졌던 것 같다. 이는 사실 각종 연줄망에서 자유로울 수 없는 연고지에서 사무실 운영을 스스로 책임져야만 하는 단독개업 변호사가 장기적으로 적응할 수 있는 가장 손쉬운 방법이기도 하다. 민형사소송과 직접 관련된 영역에 머물면서, 잠재적인 의뢰인집단과의 사이에, 너무 많이 기대하지도 않고, 너무 적게 기대하지도 않는 관계를 유지하는 것, 그리고 그 관계를 변호사 사무장과 같은 매개자들을 통해 관리하는 것이 이들로서는 유효하고도 적절한 해결책이었기 때문이다. 그리고 이러한 적응과정에서 포항의 변호사는 잠재적인 사법적 대표라는 명제로부터 한참 물러나 있는 듯 보였다.

법학 교수들

2003년 당시 포항의 법률가사회를 관찰할 때, 매우 흥미로운 것은 포항 사회에 대학이 법학교육 단위를 갖추었고, 곧이어 자연스럽게 법학 교수들이 출현했던 점이다. 1995년에 포항 사회에 개교한 한동대학교는 1998년에 법학전공을 개설했고, 그보다 먼저 개교한 포항 인근 경주 강동지역의 위덕대학교는 1995년부터 법학전공을 개설했다. 이로 인해 포항 사회에는 1998년 10월 1일 포항지원 및 포항지청이 설치된 것과 거의 비슷한 시기에 10명에 가까운 법학 교수들이 새롭게 등장했다. 다만, 지역대학들의 고질적인 신입생 모집의 어려움으로 인하여 위덕대학교는 안타깝게도 2003년 당시 법학전공이 매우 위축된 상태였다.

여기서 첨언할 것은 이 시기에 포항 사회에 등장한 법학 교수들의 성격이 대단히 특이했다는 사실이다. 한동대학교는 학부과정에 법학전공을 개설할 때부터 한국법 전공과 함께 The United States & International Law Program(UIL)이라는 이름으로 미국법 및 국제법 전공을 제공했고, 이를 바탕으로 2002년에는 '국경을 넘는 법률가'(lawyers without borders)라는 모토 아래 국내 최초로 미국법을 교육하여 미국 변호사를 양성하는 독특한 전문대학원인 한동대학교 국제법률대학원(Handong International Law School: HILS)를 개원했다. 이로 인해 2003년 당시 한동대학교에는 약 15-6명의 법학 교수들이 근무하게 되었고, 이들 가운데는 한국인 법학 교수, 한국계 미국 변호사, 미국인 미국 변호사가 각기 3분의 1을 차지하고 있었다.

포항 사회에 등장한 법학 교수 중 일부는 포항 사회에서 변호사들이 사실상 방치했던 공론장에서의 사법적 대의기능을 어느 정도 대행하는 모습을 보였다. 대표적인 예로서 지역사회에 비교적 일찍 정착했던 위덕대학교 소속의 한 법학교수는 앞서 언급했던 '포항부패방지신고센터'의 초대 소장을 맡기도 했다. 하지만 비교적 역사가 짧은 지역대학의 법학전공이 수도권으로부터 멀리 떨어진 고충을 포함하여 여러 가지 어려움을 뚫고 잘 성장할 수 있을지, 그리하여 예를 들어 법률상담소나 공익법센터 등을 통해 포항의 공론장에서 사법적 대의기능을 수행할 수 있을지는 미지수였다. 단지 다른 지역에 존재하지 않는 글로벌 법학을 향한 교육 실험이 지역 대학의 일각에서 시작되고 있었다는 점이 도드라지고 있었을 뿐이다.

2. 2023년

판검사들

앞서 살핀 시기로부터 20년이 지난 2023년 현재 포항 사회에는 모두 11명의 판사와 13명의 검사가 존재한다. 그동안 포항시 인구가 정체상태이다가 최근에는 50만 명이 깨지는 등 감소 추세가 된 것을 생각할 때, 판검사의 전체 규모가 거의 그대로인 것은 충분히 이해할 수 있다. 2023년 현재 전국적으로 판사가 검사보다 약 600명 정도 많은 것을 고려하면, 판사 숫자보다 검사 숫자가 많은 포항 판검사집단의 특이한 모습도 그대로 유지되고 있다. 포항 지역에 검찰이 해결해야 할 일이 여전히 많다는 의미일 것이다.

판사들의 경우 크게 바뀐 것 중 하나는 직급의 구성이다. 2023년 현재 포항지원에는 지원장을 포함하여 8명이 부장판사이고, 부장판사가 아닌 단독판사는 1명뿐이다. 다른 두 판사는 민형사합의부에 배석판사로 참여하고 있다. 지원장을 포함하여 부장판사가 2명뿐이던 2003년에 비하여 큰 변화로 볼 수 있다. 2023년 현재 포항지원 민사부의 주요 재판부는 이른바 대등재판부로서 부장판사들이 돌아가며 재판장을 맡고 있으며, 부장판사들은 민형사단독재판부도 담당하고 있다. 이에 비하여 검사들의 경우는 지청장 아래 두 명의 부장검사가 있고, 다시 그 아래 10명의 평검사가 있는 형태이다. 포항지청의 인적 구조는 20년 전과 기본적으로 같다.

포항지원의 경우 부장판사의 숫자가 대폭 증가한 것은 배경 설명이 필요하다. 대한민국 법원은 판사의 승진제도가 법원의 관료화를 부추긴다는 문제의식에 따라 2004년부터 모든 법관의 호봉을 통일하는 단일호봉제를 시행했고, 2018년에는 오랫동안 대법원장의 발탁 인사라는 비판을 낳았던 고등법원 부장판사 제도를 폐지했다.[42] 이로 인해 판사인사제도는 상당히 단순화되어, 법조경력 15년을 채운 판사는 대개 지방법원 부장판사로 승진한 뒤 경향 교류 원칙 등에 따라 임지를 바꾸어 근무하게 되었다. 포항지원에 근무하는 지방법원 부장판사들은 바로 이 범

---

42 물론, 이미 임명된 고등법원 부장판사들은 그 직위를 유지하므로 정확하게는 새로운 고등법원 부장판사 임명이 불가능하게 되었다고 말할 수 있다.

주에 속한다고 볼 수 있다. 새로운 판사인사제도에서 이들은 법관인사규칙 제10조에 따른 고등법원 판사, 이른바 '10조 판사'로 지원할 수 있다.

그 밖에 판검사의 구성에서 가장 두드러지는 변화는 여성 판사의 숫자가 놀라울 만큼 증가한 점이다. 특히 포항지원의 경우에는 총 7명의 여성 판사가 있어 지원장 포함 4인인 남성 판사의 숫자를 압도하고 있다. 한눈에 보더라도 포항지원에서 재판 인력의 주력은 지원장을 제외한 7명의 부장판사인데, 그 가운데 5인은 여성이다. 2019년과 2021년에는 포항지원에 여성 지원장이 연속으로 부임하여 지역 언론에서 화제가 되기도 했다. 이에 비하여 포항지청에는 20년 전처럼 여전히 2명의 여성 검사가 근무하고 있을 뿐이다. 대한민국에서 여성 법률가의 숫자는 2010년까지도 전체의 15%에 머물렀으나, 2020년 이후에는 30%를 넘어섰고, 그 이후로도 급증하고 있다. 전체 판사 중 여성 판사의 비율은 2000년에 7%에서 2020년에 30%를 넘었고, 전체 검사 중 여성 검사의 비율은 같은 기간 2.4%에서 30%를 넘었다. 이렇게 보면, 사실 포항지원의 여성 판사 비율이 평균보다 현저히 높은 것과 포항지청의 여성 검사 비율이 평균보다 현저히 낮은 것은 독특한 현상일 수 있다. 아마도 여성 판사들의 퇴직 비율이 남성 판사들보다 낮은 것, 포항지청의 경우 상대적으로 수사역량이 많이 요구된다는 것 정도를 원인으로 추정할 수 있을 것이다.

 판사들과 검사들의 연령분포는 20년 전과 거의 비슷한 것으로 보인다. 지원장과 지청장은 40대 후반에서 50대 초반이고, 법조경력은 20년 전후이다. 그 밖의 부장판사와 부장검사들은 모두 40대이고, 법원 쪽이 승진이 늦어서인지 법조 경력은 부장판사 쪽이 부장검사들보다 대체로 2-3년 앞선다. 흥미롭게도 평판사와 평검사의 법조경력은 그보다 많이 벌어져서 3-5년의 차이가 난다. 가장 젊은 배석판사가 변호사시험 3회 출신인데 비해, 가장 젊은 평검사는 변호사시험 8회 출신이다. 10명의 평검사들 가운데 7명은 대구지방검찰청 포항지청이 첫 임지인 것으로 보인다.

 평판사와 평검사의 연령 차이가 벌어진 가장 큰 이유는 아마도 법조일원화제도의 도입 때문일 것이다. 2013년 이후 판사임용에 일정 기간 이상의 법조경력을 요구하는 제도가 본격적으로 시행되어 판사임용 시기 자체가 검사임용에 비하여 상당히 늦어졌기 때문이다. 최초 3년에서 5년으로 늘어난 법조경력요건은 법원조직법 개정에 따른 유예기간을 감안하더라도 2029년까지 7년을 거쳐 10년으로 강화될 예정이다. 따라서 그다음부터 평판사와 평검사의 연령 차이는 더욱 벌어질 것이다. 앞에서 언급했듯이 20년 전에는 포항 사회의 경우 변호사들에 비하여 판검사 모두가 연령도 젊고 법조경력도 짧았으나, 후술하듯 그동안 상대적으로 젊은 변호사들이 포항의 법률가사회에 대거 유입되어 연령이나 법조경력 상의 비대칭이 상당히 완화되었다.

2003년 당시 출신 지역 및 출신 대학의 측면에서 판사들과 검사들 사이에 존재했던 차이는 2023년에도 기본적으로 유지되고 있다. 출신 지역의 경우 다수의 판사가 경상북도나 대구광역시, 넓게 보아 영남에 연고를 가지고 있음에 비하여, 검사는 아주 달라 전국에서 모였다고 할만한 특징이 여전히 존재한다. 지원장을 포함하여 부장판사들은 서울에서 내려온 경우와 대구지방법원 관할구역 내에서 순환하여 근무하는 경우가 각기 절반 정도이고, 드물게나마 평판사 시절 포항지원에서 근무한 경력을 가진 지원장이 부임하면 지역사회를 잘 안다는 소개가 지역 언론에 실리기도 한다. 이에 비하여 역대 지청장들의 면면이나 현재의 부장검사들이 쌓아온 이력은 확연하게 다르다. 검찰조직 내부에는 주로 수도권에서 수사역량을 갈고 닦은 특별수사부나 공안부 출신 평검사들이 부장검사로 승진하여 지방으로 내려오게 되면, 지청 단위에서는 우선적으로 포항지청에 배치하는 관행이 있지 않을까 추정할 수 있을 정도이다.

이러한 연속성에도 불구하고 출신 지역 및 출신 대학의 측면에서 20년 전에 비해 다양성이 현저히 강화된 것은 명백하다. 이는 2023년 현재 포항지원과 포항지청에 근무하는 판검사들의 거의 모두가 사법시험 합격자가 한 해 1000명까지 늘어났던 2000년대 이후 사법시험에 합격한 세대이거나 아예 법학전문대학원 출신으로 변호사시험에 합격한 세대이기 때문이다. 사법시험 합격자 확대나 법학전문대학원 도입이 적어도 판검사집단의 출신 지역 및 출신 대학을 종전에 비하여 다양하게 만드는 데는 효과가 있었던 셈이다. 한국 사회에서 수도권의 초집중화와 이른바 '지방의 소멸'이 급속하게 진전되지 않는 한, 앞으로도 이러한 추세는 계속될 것으로 보인다.

판검사들과 지역사회의 관계에 관하여 20년 전의 관찰 내용을 수정할만한 근본적인 변화는 관측되지 않는다. 개인주의 성향이 강하고 사건기록에 파묻혀 지내는 판사들이나 조직 위주로 움직이지만 주로 형사법적 관점에서 수사에 집중하는 검사들 모두 제한적인 수준에서만 지역사회와 소통하고 있을 뿐이라는 것이다. 여기에 판사들 가운데 지역 법관들은 주말마다 대구광역시로 돌아간다거나, 검사들의 경우 정치권력의 변동에 따라 전국적 차원에서 인사이동이 잦아 지역사회를 제대로 알기도 전에 다른 곳으로 옮기게 되는 사정도 여전히 한몫을 한다. 전세계적으로 코로나 사태가 시작된 2020년 이후에는 상당 기간 공판조차도 연기되었을 만큼 판검사들과 지역사회의 소통이 위축되기도 했다. 물론 포항지원장이나 포항지청장이 기관장으로서 지역사회에 관여하고, 부장판사 중 일부가 선거관리에 참여하는 일은 계속되고 있다.

물론 지난 20년 동안 벌어진 변화 가운데 판검사들과 지역사회의 소통에 긍정적인 영향을 미칠 만한 요인은 찾을 수 없는 것은 아니다. 첫째, 지난 20년 동안 포항지원과 포항지청 주위가 개발되어 황량하기 짝이 없던 신개발지에 제법 변화한 시가지가 들어선 점이다. 특히 법조타운의 주변은 변호사 사무실들과 함께 각종 음식점과 카페들이 밀집하여 그런대로 사람들이 모여 활발히 소통할만한 모습이 갖추어졌다. 둘째, 앞서 언급했듯이 그동안 상대적으로 젊은 변호사들이 포항의 법률가사회에 대거 유입되어, 과거 판검사들과 변호사들 사이에 존재했던 연령과 법조경력의 비대칭이 상당히 완화된 점이다. 이에 더하여 새로운 세대의 판검사들과 변호사들 사이에는 법률가 숫자가 대폭 증가하기 시작한 이후 법조경력을 시작함으로써 그 이전 세대의 법률가들이 가지고 있었던 사법 엘리트의 승자의식이나 특권의

식으로부터 어느 정도 자유롭다는 세대적 공감대도 존재하는 것으로 보인다. 셋째, 포항지원과 포항지청 모두 지원이나 지청 단위로는 특이하게도 학술 모임 형태의 이벤트를 개최하여 학술적 공론장을 열어 왔다는 점이다. 예컨대 포항지원은 2021년 11월에 법원실무상의 제반 문제에 관해 메타버스 실무연구회를 개최했고, 포항지청에서는 2000년대 중반부터 부정기적으로 한동대학교 국제법률대학원과 함께 학교폭력이나 피해자 국선변호 등을 주제로 학술대회를 개최했다.

그러나 이와 같은 요인들에도 불구하고 2023년 현재 포항 사회의 판검사들이 "상당히 고립된 생활을 하면서 업무에 관련하여 선택적으로만 포항 사회와 접촉"한다는 2003년의 관찰과 다른 모습을 보인다고 말하기는 어렵다. 공간적 환경의 변화와 세대교체, 그리고 부정기적으로 개최되는 학술적 공론장이 포항의 법률가사회에 실질적인 변화의 동력을 작용하려면, 무엇보다 장기적인 관점에서 판검사와 변호사, 법학교수를 아우르는 본래적 의미의 법조(法曹), 즉 법률가 공동체가 형성되어야 한다. 하지만 최장 2-3년 동안 포항에서 근무하면 다른 곳으로 임지를 옮길 수밖에 없는 판검사들은 기껏해야 그와 같은 법률가 공동체의 손님으로 대접받을 뿐 실질적으로 포항의 법률가사회에 핵심 구성원이 되기는 어렵다.

변호사들

그러므로 관심은 다시 포항 사회에 뿌리를 내린 변호사들에게로 돌아온다. 2023년 현재 포항 지역에는 모두 52명의 변호사가 활동 중이다. 2003년의 32명(실제 활동은 28명)에서 20여 명이 늘어난 숫자이다. 이와 같은 규모의 증가는 같은 기간 김천의 변호사 숫자가 20명에서 39명으로, 안동의 변호사가 12명에서 22명으로 늘어난 것과 크게 다르지 않다. 대한민국 전체 개업 변호사 숫자가 6천 명 수준에서 3만 5천 명 수준으로 증가한 것에 비하면, 상대적으로 증가 폭이 작은 것은 사실이지만, 20년 동안 동일한 규모를 유지한 판검사들에 비해서는 확실히 구조적인 변화의 흐름이 느껴진다. 예전과 마찬가지로 변호사들은 모두 대구지방변호사회 포항지회에 소속되어 있고, 무료 법률상담과 같은 공익활동을 함께 한다.

20년 전에 비하여 한 눈에도 두드러지는 변화로는 일단 상대적으로 젊은 변호사들의 숫자가 많아진 점이 눈에 띈다. 1973년생인 만 50세를 기준으로 삼을 때, 그 이상의 변호사가 27명이고, 그 미만의 변호사가 25명이다. 40세 미만의 젊은 변호사도 7명이나 된다. 50세 미만의 변호사들은 대부분 한 해 천명까지 합격자 숫자가 대폭 늘어났던 2000년대 이후의 사법시험 합격자이거나 2012년부터 배출되었던 법학전문대학원-변호사시험 출신이다. 변호사시험 출신은 말할 것도 없지만, 합격자 숫자가 대폭 증가한 이후의 사법시험 출신은 판검사가 아니라 변호사의 직업적 정체성을 가지고 법률가가 되었다는 점에서 그 이전 세대와 반드시 구분할 필요가 있다. 전체적으로는 52명 가운데 사법시험 출신이 33명, 변호사시험 출신이 15명이고, 군법무관 출신도 2명에서 4명으로 늘었다.

또 다른 변화로는 여성 변호사들의 등장을 지적할 수 있다. 20년 전에는 여성 변호사가 전혀 없었지만, 2015년 첫 여성 변호사가 개업한 이래 2023년 현재는 모두 7명의 여성 변호사가 활동하고 있다. 이들은 모두 1980년대 이후 출생으로, 처음 개업한 한 명을 제외하면 모두 법학전문대학원-변호사시험 출신이다. 대한민국 변호사집단 전체에서 여성 변호사 비율이 30%를 넘은 지가 오래임을 고려하면, 52명 가운데 7명은 그리 높은 비율이라고 말할 수 없다. 하지만 80년대 이후 출생한 포항의 남성 변호사가 8명이므로 적어도 같은 세대에서는 비등한 숫자를 이루고 있다고 보아야 한다. 포항지원과 포항지청에 근무하는 다수의 여성 판검사들과 이 여성 변호사들이 어떠한 연결망을 형성했는지는 알 수 없으나, 여성 변호사들이 가사조정위원이나 형사조정위원 등으로 활약하고 있는 모습은 쉽게 확인할 수 있다.

여성 변호사들을 포함하여 젊은 변호사들의 유입은 변호사들의 개업 장소에도 상당한 변화를 가져온 것 같다. 2003년에는 소수의 예외를 제외하고 변호사 사무실이 포항지원과 포항지청의 청사 앞 거리를 말하는 북구 양덕동의 속칭 법조타운과 오래된 도심인 북구 덕산동, 신흥동 일대에 몰려 있었다. 2023년에 확인되는 바로는 일단 양덕동 법조타운의 변호사 집중도가 많이 높아지고 구도심 쪽의 개업 변호사 숫자가 현저히 줄어든 것과 과거에는 변호사가 없었던 청림동, 지곡동, 효자동, 오천동 등에 변호사 사무실이 생긴 것을 들 수 있다. 울릉도에도 처음으로 변호사 사무실이 생겼다. 이처럼 새로운 지역에 생긴 사무실을 낸 변호사들은 나이가 최고 40대 초반인 젊은 변호사들이며, 여성 변호사들인 경우도 많다. 아마도 새로운 장소에서 사법 서비스의 새로운 수요에 부응하려는 의도가 작용했을 것이다.

개업 장소의 확산과 함께 변호사의 개업 형태에도 변화가 생겼다. 2003년에는 법무법인이 한 곳, 그것도 분사무소의 형태로 존재했지만, 2023년에는 네 곳의 분사무소를 빼더라도 모두 다섯 곳의 법무법인이 경쟁 중이다. 공증인가 합동법률사무소는 한 곳도 없다. 법무법인의 모습은 개업 이력이 오래된 사법시험 출신 변호사들이 사무소를 합친 곳도 있고, 사법시험 출신으로 판사 경력 변호사와 검사 경력 변호사가 동업하는 곳도 보인다.

비교적 최근에는 변호사시험 출신의 젊은 변호사들이 새로운 법무법인(로펌)을 설립하기도 했다. 다만, 법무법인의 규모는 소속 변호사가 최대 4-5명 정도로서 서울의 대형 로펌은 물론 전문분야의 소규모 로펌(이른바 부티크 펌)에도 미치지 못한다. 변호사시험 출신의 일부 변호사는, 대구지방변호사회 포항지회의 변호사명부에 이름이 올라 있으나, 이력 등에 비추어 포항소재 대기업의 사내 변호사 역할을 수행 중인 듯하다.

2003년의 경우, 변호사들 가운데 출신지역은 압도적으로 대구·경북지역이 많았고, 그중에도 포항(영일)이나 인근의 경주, 영천 출신들이 대다수였다. 2023년의 경우에도 이러한 경향은 다시 확인할 수 있다. 나이와 경력을 막론하고 개업 변호사들 가운데 포항이나 인근 지역에 연고를 갖지 않은 경우는 찾기가 어렵다. 고등학교를 포항이나 인근에서 졸업하고 타지에서 대학 학부나 법학전문대학원을 마친 뒤, 사법시험 또는 변호사시험을 거쳐 변호사자격을 획득하고 포항에서 개업하는 것이 전형적인 패턴이지만, 드물게는 대학 학부를 포항에서 마친 경우도 존재한다. 변호사 개업 이전 포항지원이나 포항지청을 비롯한 인근 지역에서 판검사를 거친 변호사는 모두 아홉 명이다. 법조일원화제도가 시행된 2012년 이후에 변호사자격을 취득하여 전관 변호사가 될 기회가 없었던 변호사 중에는 대기업의 법무팀이나 방송국 등에서 사내 변호사로 경력을 쌓은 경우도 눈에 띈다.

출신대학의 다양성도 매우 커졌다. 나이가 많은 전관 변호사들 가운데는 서울의 명문대학 학부 출신이 많지만, 변호사자격을 얻고 곧바로 개업한 변호사 중에는 상대적으로 대구·경북 지역의 대학 출신들이 자주 보이며, 그중에는 포항의 한동대학교 학부 출신도 두 명이 있다. 그러나 이들 중 어느 쪽도 포항의 변호사집단 내부에서 다수를 이룬다고 말하기는 어렵다. 특히 변호사시험 출신들은 출신 대학과 법학전문대학원이 대단히 다양하기 때문이다. 앞서 짚었듯이 포항의 변호사들은 어떠한 형태로든 포항 또는 인근지역과 연고를 확보하고 있지만, 이를 출신대학이나 법학전문대학원에 따라 다시 분류하기는 생각보다 쉽지 않다. 그동안 2005년 한동대학교 국제법률대학원 출신의 첫 미국 변호사들이 배출된 이후, 이들이 한국으로 돌아와 포항에서 활동하고자 시도하는 경우가 간혹 있었다. 하지만 외국법자문사의 등록 및 영업에 관한 국내 법령상의 제약 때문에 법무법인 또는 다국적 대기업의 법무팀에 소속되는 쪽을 선택하는 관계로 포항의 법률가사회에 성공적으로 정착하지는 못했다.

잠재적인 사법적 대표로서 기능을 수행하는 문제와 관련하여 변호사의 공론장 참여에 있어서는 근년 들어 상당히 큰 폭의 변화가 발생했음을 확인할 수 있다. 여기에는 물론 1998년 10월 1일 포항지원 및 포항지청의 출범에 맞추어 개업한 변호사들의 경우 25년 가까이 포항 지역사회에서 살아오면서 자연스럽게 여러 가지 네트워크를 형성하고 나아가 일정한 자본을 축적하여 사무실 운영을 위한 단기적인 자금 마련 압박으로부터 어느 정도 자유롭게 된 내력이 작용했을 것이다. 나아가 배경적인 요인으로 인터넷 및 무선통신의 일상화 이후 포항 지역의 공론장 자체가 20년 전에 비하여 훨씬 다원·다층화한 점도 감안할 필요가 있을 것이다. 하지만, 가장 직접적이고 결정적인 요인으로는 2017년 11월 15일 포항 일원을 강타했던 포항지진이 2019년 3월 20일 정부조사연구단에 의하여 정부가 발주한 지열발전 실증사업 수행과정에서 벌어진 이른바 '촉발 지진'으로 밝혀진 다음, 대규모의 집단 소송 사태가 벌어졌던 것을 꼽아야 한다.[43] 포항의 변호사 중 일부는 이 사태에 적극적으로 나서서 포항시민들과 함께 직접 시민단체를 조직하기도 했고, 포항시나 시민단

---

43 이 사태 전반에 관해서는 다음의 자료들을 참조할 것. 국무총리소속 포항지진진상조사위원회,『포항지진진상조사위원회 활동보고서』, 2021. 7.; 포항 11.15 촉발지진 범시민대책위원회,『포항 11.15 촉발지진 범시민대책위원회 백서-포항지진특별법을 위해 헌신한 포항시민들의 활동보고서』, 2021. 10.; 홍성민·이국운,『데이터에 기반한 입법평가: 피해대응을 위한 입법(V)-포항지진피해구제법』, 한국법제연구원, 2022. 10.; 포항지진촉발진상규명대응시민회의 편,『누가 어떻게 포항지진을 만들고 불러냈나』, 아시아, 2019; 임재현,『포항지진과 지열발전』, 여우와두루미, 2018 등

체들에게 법적 자문을 제공하기도 했으며, 관련 자료를 모아 분석한 뒤 스스로 공동소송의 원고들을 모집하여 집단 소송에 나서기도 했다. 나아가 언론이 포항지진특별법으로 불렀던 '포항지진의 진상조사 및 피해구제 등을 위한 특별법'(약칭: 포항지진피해구제법)이 2019년 12월 31일에 국회에서 제정되고, 2020년 4월 1일부터 시행되면서, 동 입법의 제·개정과정 및 관련 시행령의 제·개정과정에 포항 지역의 법학교수들과 함께 다양한 의견을 제시하기도 했다.

여기서 주목할 것은 이 유례가 없는 시민들의 집단소송사태에서 포항 지역의 변호사들이 나선 배경이다. '촉발 지진'에 대한 포항시 및 포항시민의 대응 방향을 두고 대표적인 시민조직들은 특별법의 입법을 먼저 추진하여 정부로부터 일괄적인 피해구제를 받자는 측과 그와 함께 상대적으로 입증 부담이 적은 정신적 피해에 관련한 집단적 손해배상 소송을 병행하자는 측으로 크게 입장이 나뉘었다. 이 가운데 후자의 단체들은 이미 2018년 중반부터 서울의 법무법인을 대리인으로 내세워 공동소송인을 적극적으로 모집했다. 그러자 정부조사연구단의 '촉발 지진'이라는 발표가 나온 다음인 2019년 3월 28일 포항의 변호사 9명은 '포항지진 공동소송단'을 구성하여 별도로 공동소송인을 모집하여 절차를 진행할 것을 공표했다. 공동소송단의 대표는 직전까지 후술하듯 지역의 법학 교수들과 '포항지진 공동연구단'의 '법률분과장'을 맡았던 변호사로서 "시민들의 소송비용 부담을 줄이고자" 소송비용을 기존보다 대폭 낮추겠다고 말했다. 일각에서는 소송 창구의 단일화를 요청하는 목소리도 있었으나 결국 이루어지지는 않았다.

이와 같은 일련의 상황 전개는 잠재적인 사법적 대표로서 변호사들의 공론장 참여가 지역의 사법 서비스 시장에 대한 방어와 연결되는 맥락에서 매우 극적으로 촉발될 수 있음을 보여준다. 물론 포항 지역 변호사들이 공론장에 적극적으로 참여한 경험으로서 포항지진은 상당히 예외적인 사례로 이해해야만 한다. 최대 4-5명의 변호사가 모인 법무법인이 가장 큰 규모인 포항의 변호사 사회에서 전문적인 소송 준비와 장기간의 노력이 요구되는 집단소송을 항상 대리할 수 있으리라고 기대하기는 매우 어렵기 때문이다. 일례로 2022년 9월 6일 태풍 힌남노로 인한 기록적인 집중호우에 따라 포항시 남구 냉천 일대에서 심각한 피해가 발생했던 사태에 관해서는 같은 해 11월 서울의 유명 대형 법무법인을 대리인으로 삼아 포항시 및 건설회사들을 상대로 행정소송과 손해배상소송이 연달아 제기되었으나, 위에서 언급한 포항지진 공동소송단과 같은 움직임은 발생하지 않았다.

포항지진과 관련하여 이처럼 상당히 특별한 형태와 수준으로 지역 변호사들의 공론장 참여가 이루어질 수 있었던 까닭은 1998년 10월 1일 대구지방법원 포항지원과 대구지방검찰청 포항지청이 문을 연 뒤 25년의 세월이 지나면서 포항의 변호사들도 자연스럽게 지역사회에 녹아들어 일정하게 기여할 수 있는 여건이 형성되었기 때문이다. 예를 들어, 2003년에도 확인할 수 있었던 관행적인 공론장 참여 외에도 포항시와 포항시의회에 고문변호사 직위가 신설되어 지역 변호사들이 계속 이어받고 있다든지, 각급 학교의 운영위원회나 학교폭력관련위원회 등에 곧잘 지역 변호사들의 참여가 이루어지고 있는 점, 그리고 지역 주민을 대상으로 하는 공중파방송이나, 케이블TV 프로그램, 또는 라디오 프로그램이나 유튜브 등에 지역 변호사들이나 법학 교수들이 간간이 출연하거나 직접 사회자로 나서기도 하는 것 등을 거론할 수 있을 것이다. 물론 포항지진이 포항 사회에 가져온 특수한 사회심리적 공감대, 즉 포항시민이라면 누구나 '촉발 지진'의 피해자로서 서로에 대하여 동병상련의 공감대를 가지게 되었던 것이야말로 포항지진과 관련하여 법률가들의 공론장 참여를 가능하게 만든 결정적인 원인이었을 것이다.

이러한 이유로 포항지진이라는 계기를 통해 앞으로 포항 사회에서 변호사들의 공익적 사회참여가 더욱 활발해지리라고 전망하기는 쉽지 않아 보인다. 그보다는 여전히 전형적인 민형사 및 가사 관련 소송 영역에 머무르면서, 포항지진과 같은 예외적인 경우만 선택적으로 나서게 될 것 같다. 이처럼 공익적 사회참여에 대하여 포항의 변호사들이 기본적으로 소극적인 태도를 선택하리라고 예상하는 까닭은 부분적으로 송무 시장 내부의 경쟁이 치열해짐에 따라 법률가집단 내부의 상호통제가 예전에 비하여 강해지고 있기 때문이다. 예를 들어, 코로나 사태가 한창이던 2021년 8월 포항지원은 검찰과의 친분을 과시하면서 의뢰인에게 상대를 구속시켜주겠다며 금품을 요구해 받은 혐의로 포항지역의 한 변호사에게 징역 6월을 선고하고 법정구속했다.[44] 이 사태는 2003년 당시 및 그 이후 일정 기간 포항의 변호사 2-3명이 수임 비리로 구속되거나 송사에 휘말리는 바람에 포항의 법률가사회가 상당히 경직되었던 기억을 떠올리게 하면서, 한동안 지역 법조계와 포항 사회를 뒤숭숭하게 만들었다.

법학 교수들

2003년 당시 포항의 법률가사회에는 10명에 가까운 한국법 전공의 법학 교수들이 있었고, 한동대학교가 시작한 미국법

---

[44] 뉴시스 2021년 8월 14일자 기사 「'변호사법 위반' 포항 변호사 징역 6월 법정구속」 등 참조

및 국제법 전공 덕분에 거의 같은 숫자의 미국 변호사들이 있었다. 그로부터 20년이 지난 2023년 현재 한국법 전공의 법학 교수 숫자는 7-8명 정도로 줄었다. 한동대학교는 한국법 전공을 운영하고 있고, 포항공과대학에도 교양교육과정에 한국법 전임 교수 1인이 채용되었지만, 위덕대학교는 결국 한국법 전공을 폐지했기 때문이다. 이에 비하여 한동대학교에서 미국법을 가르치는 미국 변호사의 숫자는 15명 안팎으로 늘었다. 법학 교수들의 학문적·직업적 배경은 2003년처럼 한국법 전공 법학자, 미국법 전공 한국계 미국 변호사, 미국법 전공 미국 변호사라는 세 그룹이 각기 3분지 1을 차지하고 있다. 법학 교수들 가운데는 3-4년 정도 근무하고 다른 지역으로 이주하거나 미국으로 돌아가는 예도 없지 않으나, 이 세 그룹 모두 핵심 리더들은 20년 넘게 포항 사회에 머물고 있다.

'국경을 넘는 법률가'라는 모토를 내세웠던 한동대학교의 특이한 법학교육실험이 인상적인 성공을 거두었다. 2005년 이후 HILS가 배출한 미국 변호사의 규모는 6백 명 수준을 헤아리고 있으며, 그밖에 한동대학교의 법학부를 거쳐 국내에서 사법시험-사법연수원 또는 법학전문대학원-변호사시험을 통해 법률가가 된 숫자 또한 총 100명에 육박하고 있다. 이러한 성과 덕분에 포항 사회에는 비록 법학전문대학원은 존재하지 않지만,

다른 중소도시에서는 찾아보기 어려운 법학교육 및 법학연구 인프라가 자리 잡을 수 있게 되었다. 그동안 한동대학교에는 국제법센터, 공익법센터, 정책법학연구소, 리걸 클리닉, 북안인권자료실, 통일과 평화연구소, 국제화해중재원 등 공익적 사회참여와 관련한 인프라가 생겼고, 2015년부터는 일반대학원 법학과를 시작하여 전문적인 법학 연구자 그룹도 상주하게 되었다. 한동대학교 일반대학원 법학과는 2020년부터 '글로벌 입법학'을 주제로 정부의 대학원생 학술지원프로그램도 운영하면서, 매년 3-4명의 학술법학석박사를 배출하고 있다. 법학의 교육 및 연구를 통하여 법학 교수들이 공론장에서의 사법적 대의 기능을 수행할 수 있는 최소한의 인프라가 포항 사회에 마련되었음을 의미한다.

대단히 흥미롭게도 이상과 같은 글로벌 법학 인프라는 포항지진과 관련된 특수한 상황에서 상당한 효과를 발휘했다. 특히 지열발전으로 인한 촉발 지진이라는 사안의 성격상 지질학이나 지진 관련 전공만으로는 부분적인 대처에 머무를 수밖에 없었기 때문에, 한동대학교의 법학부 및 HILS 전임교수진이 '포항지진 공동연구단'의 법률분과에 대거 참여하여 계속 제공한 유발 지진 관련 각종 해외 사례는 포항지진의 상황을 그때그때 평가하고 입법 및 소송의 양측면에서 적절한 법적 대응 방안을 마련하는 과정에 적지 않은 도움이 되었다. 예를 들어, 세일가스 채굴사업과 관련하여 미국 법원이 1990년대부터 쌓아온 소송사례라든지, 천연가스 채굴의 여파로 도시 전체의 지반이 흔들려 수십 년째 정부 및 민간기업과 법적 분쟁을 벌여 온 네덜란드 그로닝겐시의 경험, 그리고 지열발전사업의 추진과 관련하여 스위스 및 독일에서 형성된 보험 관련 법리의 발생과정 등을 거론할 수 있다.[45]

3. 변한 것과 변하지 않은 것

이상에서 보았듯이, 2003년과 2023년의 포항 법률가사회를 비교할 때, 변한 것과 변하지 않은 것은 뚜렷하게 드러난다. 우선 법률가집단의 규모에 관해서는 크게 보아 판검사집단은 거의

---

[45] 예를 들어, 2020년 11월 11일 포스코 국제관에서 열린 포항지진 3주년 국제포럼에서는 이국운 한동대학교 법학교수의 사회로 네덜란드 그로닝겐 대학의 찰스 플렉(Charles Vlek) 교수와 헤르만 브로링(Herman Broring) 교수가 유발지진에 대한 사회적·법적 대응방안을 발표했으며, 한동대학교의 원재천 법학교수의 토론이 있었다. 이와 유사한 공개토론은 같은 장소에서 열린 이듬해의 '2021 포항지진 국제포럼'에서도 진행되었고, 한동대학교의 이국운·원재천 교수는 포항지진진상조사위원회의 활동보고에 대한 검토 결과를 발표했다.

변하지 않았지만, 변호사집단과 법학교수집단은 각기 2배 가까이 규모가 커졌다. 총원으로 보면, 2003년에 판검사와 변호사, 법학교수를 합쳐 60명이 조금 넘는 규모이던 포항의 법률가집단은 100명 수준으로 커졌다.

이에 비하여 법률가집단의 내부 구성은 상황이 조금 더 복잡하다. 판사집단은 부장판사들의 숫자와 여성 판사들의 숫자가 매우 많아졌으나, 검사집단은 20년 전과 대동소이하다. 변호사집단은 법학전문대학원-변호사시험 출신 변호사들의 대거 진입과 여성 변호사들의 등장, 그리고 소규모지만 여러 법무법인의 경쟁 체제 돌입 등을 주된 변화로 지목할 수 있다. 법학교수집단은 한동대학교의 글로벌 법학 교육 실험이 일정한 성공을 거두면서 포항 사회에 글로벌 법학 인프라를 제공할 수 있게 된 점이 눈에 띈다.

법률가들의 배경, 즉 출신 지역과 출신 대학 등에 관해서는 변한 것보다 변하지 않은 것이 더 두드러진다. 판사집단은 크게 보아 서울에서 지방 근무를 위해 내려오는 판사 숫자와 대구고등법원 관할구역 내에서 대구지방법원 본원과 지원을 순환 근무하는 판사 숫자가 절반 정도를 차지하는 구성이 그대로이고, 검사집단은 수도권에서 수사역량을 쌓은 지도부가 초임 검사들을 지휘하는 구성이 그대로이다. 지역 연고로 말하면, 판사집단이 검사집단에 비하여 그래도 지역 연고가 많은 편이지만, 직접적으로 포항에 연고를 가진 경우는 찾기가 쉽지 않다. 변호사집단은 대부분 지역 연고가 뚜렷하고 포항에 직접적인 연고를 가진 경우도 많으며, 일부는 이른바 전관 출신으로 분류될 수 있다. 흥미롭게도 법학교수집단으로부터는 이와 같은 지역 연고를 찾기가 매우 어렵다. 출신 대학 등에 관해서는 특히 법학전문대학원-변호사시험 체제가 시작된 이후 포항의 법률가집단 내부에 다양성이 큰 폭으로 증대되었음을 확인할 수 있다. 2003년에 비하여 2023년에는 특정 대학 출신만으로 법률가집단 내부의 리더십을 확보하기가 매우 어려워졌다.

사법적 대의라는 관점에서 그 기초를 이루는 공익적 사회참여에 관해서는 흥미로운 대조를 발견할 수 있다. 판검사집단은 포항 사회와 관행적인 수준의 관계 유지에 머무르면서, 지원장이나 지청장의 리더십에 따라 지역의 다른 기관장들과의 모임이나 학술행사 등을 개최하는 정도에 그치고 있다면, 변호사집단과 법학교수집단은 20년 전에 비하여 확실히 공익적 사회참여의 폭과 깊이가 확대·심화되었음을 확인할 수 있다. 앞서 언급했듯이, 이와 같은 변화의 계기로는 포항 사회에 미증유의 충격으로 가해졌던 2017년 11월 15일의 포항 촉발 지진과 그 이후에 벌어진 일련의 법적 사태가 결정적으로 작용했다. 변호사집단과 법학교수집단은 포항시민들의 집단소송제기, 특별법 입법 주장, 입법과정 감시 및 의견 제시, 진상조사 결과평가, 제도적 개선책 마련 등 일련의 과정에 대거 참여하여 의미 있는 기여를 남겼다. 다만, 이와 같은 적극적인 공론장 참여가 포항지진이라는 특수한 사태에 국한될 것인지, 아니면 앞으로도 다양한 방식으로 전개될 수 있을지는 아직 예단하기 어려운 상황이다.

# VI

포항 사회에서
법률가의 자리

그렇다면 이상과 같은 고찰에 입각할 때, 우리는 과연 포항 사회에서 법률가의 자리를 어떻게 표현할 수 있을까? 분명한 것은 1998년 10월 1일 이후 지난 25년 동안 판사, 검사, 변호사, 그리고 법학교수로 구성된 포항의 법률가집단이 포항 사회의 사법과정을 독점적으로 운영해 왔다는 사실이다. 따라서 포항 사회에서 사법적 권력체제의 실질적인 작동방식을 특히 사법적 거버넌스와 로컬리티의 관점에서 살펴보려는 이 글의 목적에 비추어 포항 사회에서 법률가의 자리를 찾는 맥락은 비교적 명백할 수밖에 없다. 포항의 법률가집단은 사법적 대표 역할을 제대로 수행하고 있는지, 그 방식은 무엇인지, 그리고 만약 제대로 수행하지 못하고 있다면, 그 원인은 무엇인지를 탐구해야 하기 때문이다.

이 대목에서 나는 약간 개인적인 이야기를 덧붙이지 않을 수 없다. 1999년 3월부터 나는 그 전 해에 출범한 한동대학교 법학부의 헌법 및 법사회학 교수가 되어 포항 사회에 진입했다. 그러니까 이 글이 살펴보고 있는 포항의 법률가사회 이야기가 같은 기간 나 자신이 법학 교수로서 포항에서 살아 온 이야기와 중첩되는 것은 당연할 수밖에 없다. 지난 2003년, 그러니까 포항 사회의 중심부에 갑자기 사법기구와 법률가집단이 출현한 지 5년이 된 시점에 나는 포항의 법조문화에 대한 일차적인 법사회학적 조사를 진행할 수 있었다. 그리고 그 뒤로 다시 20년이 지난 2023년에 앞장에서 보았던 간략한 추가조사를 덧붙였고, 그 결과로 이 글을 쓸 수 있게 되었다.

2003년 당시 나는 포항의 법률가집단이 사법적으로 대표하는 사법적 피대표들, 즉 넓은 의미의 의뢰인집단이라 할 포항시민들의 법의식을 분석하는 작업을 진행했다. 구체적인 분석은 ①고위공무원, 지역정치인, 지역상공인, 종교지도자, 교수지식인, 전문직 종사자, 시민단체지도자 등과 같은 넓은 의미의 정치적 엘리트들, ②포항 사회의 일반시민들, ③경찰, 법무사, 법원직원, 공인중개사 등과 같은 넓은 의미의 하위법조직업종사자들의 세 부류로 나누어 진행된 인터뷰 및 참여관찰의 내용을 토대로 이루어졌다.[46] 이처럼 분석 대상을 세 부류로 나눈 것은 그 각각이 사법적 엘리트들인 법률가집단과의 연계 고리라는 점에서 일반인과 두 종류의 경계인으로 분명하게 차별화될 수 있었기 때문이다. 먼저 20년 전의 분석 내용을 다시금 환기해 보자.

---

46 나는 2002년 11월과 2003년 6월 두 차례에 걸쳐 한동대학교 재학생들로 이루어진 면접조사원들을 통해 70여 명의 일반 포항시민들을 인터뷰했고, 이후 따로 선발하여 교육시킨 면접조사원들(주로 상급학년 재학생들)을 통해 다양한 직종의 하위법조직업종사자 20여 명을 다시 인터뷰했다. 그밖에 넓은 의미의 정치적 엘리트들은 내가 직접 인터뷰하거나 다양한 방식으로 접촉하여 참여관찰을 수행했다. 크게 세 차례로 진행된 인터뷰는 동일한 질문들에 근거하여 진행되었으며, 그 결과는 면접조사원들이 작성하여 제출한 기록의 형태로 채집되었다.

돌이켜 보면, 법원과 검찰청의 설치를 주장했던 포항 사회 내부의 논리에는 민주화 이후 등장한 토착시민세력을 기축으로 시민사회를 활성화하기 위하여 사법과정을 적극적으로 이용하려는 이른바 '권리정치'(politics of right)의 흐름이 자리 잡고 있었다.[47] 바로 이런 관점에서 '한동대학교의 재단분쟁사건'이나, '시청공무원들의 뇌물수수사건', '포스코의 납품비리사건' 등 일련의 사건들이 문제 되었던 것이고, 2003년 당시 포항 사회의 대표적인 현안이던 '송도백사장피해보상사건'은 소송 이전 단계의 협상과정을 어렵사리 마무리한 상태였다. 요컨대, 법원과 검찰청의 설치 이후 포항 사회에서 사법과정을 통한 정치적 문제 제기 그 자체는 비교적 활발하게 진행되어왔다고 볼 수 있다.

넓은 의미의 정치적 엘리트들을 종래의 지배블록과 토착시민세력으로 구분할 수 있다면, 적어도 전자의 시각에서 이와 같은 변화는 상당히 당혹스러울 수밖에 없었던 것 같다. 왜냐하면, 이는 포항 사회에서 자신들의 기득권 또는 포항 사회에 대한 지배권이 사법과정을 통한 정치적 비판에 항상 노출될 수밖에 없는 상황이 도래했음을 의미했기 때문이다. 당시 사법과정을 통한

---

47 스튜어트 샤인골드는 권리의 정치를 ①권리의 자원화 ②헌법적 가치 조율 및 정치적 목표설정 ③공공정책의 실행 필요 ④ 법적 권리의 정치적 동원으로 나누어 설명한다. Stuart A. Scheingold, *The Politics of Rights-Lawyers, Public Policy, and Political Change*, Yale University Press, 1974, part 2

정치적 문제 제기의 태반이 검찰의 수사권발동을 유도하는 것이었으므로 이런 우려는 매우 실제적이기도 했다. 실제로 내가 만났던 고위공무원, 지역정치인, 지역상공인 등은 법원과 검찰청이 설치된 이후 발생한 대표적인 변화로서 검찰의 공직자에 대한 사정과 수사가 강화된 것과 이로 인해 일련의 공직부패사건들이 백일하에 드러났던 것을 이구동성으로 언급했다.

이처럼 공직자의 신변에 직접적인 위협으로 다가오는 형사법적 문제 제기와 함께, 포항 사회에는 그 이전에 비하여 공공분쟁에서 민사소송이나 행정소송의 제기도 종전에 비교하여 현저하게 빈도가 높아지고 있었다. 예컨대, 2003년 7월 4일 제92회 포항시의회(제1차 정례회)에서 김종린 의원이 이에 관해 발언하면서 행정능률이나 소송비용 관련 사항을 언급했던 내용을 보자.[48]

"…이번 민사소송패소 원인조사 특별위원회 활동 결과 지난 3년 동안 포항시에서 패소한 민사소송의 건수는 92건으로 이 중에서 71건은 부당이득금 반환청구의 건이며 나머지 21건은 소유권이전등기, 손해배상 청구의 건 등으로 파악되었습니다. 이에 따른 배상금이 44억 4,000

---

[48] 포항시의회 회의록 검색시스템(http://councildata.pohang.go.kr/)의 해당 회의록에서 발췌 인용

만원, 소송대리인선임비용 1억 3,900만원과 원고측 소송비용으로 1억 800만원으로 민사소송 92건에 대하여만 47억 1,000만원이라는 시민의 아까운 세금이 사용되었음을 알게 되었습니다…(중략)…포항시에서 발생하는 행정소송 및 민사소송 등을 수행하는 법무담당은 현재 행정직이 업무를 수행하고 있습니다. 그러나 매년 시민들이 자기의 권익을 찾는 소송이 증가하고 있는 상황에서 효율적인 소송수행 대처 능력이 떨어진다고 판단이 됩니다. 지난 2000년부터 2002년까지 3년간 포항시에 발생된 민사소송 및 행정소송건수만 하여 226건이나 됩니다. 이렇듯 많은 소송업무를 효율적으로 대처하기 위해서는 이번 민사소송패소에 대한 행정사무조사 결과에서도 대안으로 제시하고 있습니다만 포항시의 법무담당을 변호사 또는 법무사 등 외부의 법률전문가 중에서 별정직으로 임명하여 소송업무에 대하여 전문성을 강화하고 행·재정적인 손실을 방지할 의향은 없는지 시장의 견해를 밝혀 주시기 바랍니다…"

그러나 민주화 이후 등장한 도전세력이자 주로 사법과정을 통해 문제를 제기하는 쪽인 토착시민세력의 관점에서도 이와 같은 변화가 언제나 만족스럽지는 않았던 것 같다. 사법과정을 통해 정치적 이슈를 제기하는 것은 매력적인 측면을 가지고 있었으나, 이는 동시에 언제나 그들 자신이 법적 분쟁의 위험부담을 감수해야만 하는 일이었기 때문이다. 이러한 맥락에서 2000년대 들어 포항 사회의 토착시민세력 내부에서 여러 가지 갈등이 제대로 해소되지 못하고, 도덕 차원의 상호비난을 넘어 형사적인 고소고발사태로 비화되었던 사태는 자못 심각한 의미를 내포하고 있었다. 이로 인해 포항 사회에서 시민사회의 활성화를 위한 시민조직들의 활동이 상당 기간 위축되는 결과가 벌어졌던 까닭이다.[49]

그러므로 법원과 검찰청이 설치된 이후 포항 사회의 정치적 엘리트들, 즉 종래의 지배블록과 토착시민세력에게는, 어떤 이유에서건, 사법과정을 독점하는 이 새로운 엘리트들에게 접근할 통로를 확보하려는 목표가 있었으리라고 추측할 수 있다. 사법과정에서 1심 단계의 최종결정권자들인 판검사집단과 상호이해의 고리를 갖는 것은 포항 사회의 기득권을 유지하거나 타파하는 문제에 관하여 어느 쪽에서도 시급하고도 긴요한 일이었을 것이기 때문이다.

---

49 "…사실 시민단체의 실상은 대부분 몇몇의 실무자 중심으로 운영되는 경우가 많기 때문에 영향력이 커지면 커질수록 정체와 부패의 우려가 높아지는 것도 사실이다. 이미 그런 징후가 지역사회에서도 있었다.…(중략)…그래서 시민단체들은 항상 사회적 영향력이 강해지면 질수록 권력화를 경계하여야 하며 내부의 민주주의를 확보할 수 있도록 노력해야 한다.…" 허대만, 앞의 책(2002), 144면

주지하듯, 한국 사회에서 이와 같은 수요를 해결하는 대표적인 방법은 출신학교나 출신 지역 등을 고리로 엘리트들 사이에 사적인 연결망을 만드는 것이다. 출신학교가 법률가집단 내부에 다수의 졸업생을 배출한 명문(名門)이거나, 출신 지역이 포항이나 기타 인근 지역이거나, 이 양자가 우연히 겹쳐진 경우라면 사적 연줄망의 활용 가능성은 더 커질 수밖에 없다. 하지만 모든 것이 새롭기에 모든 것이 노출될 수밖에 없는 2003년 당시 포항의 법률가사회에서 이처럼 노골적인 접근은 매우 위험할 뿐만아니라 심지어 역효과를 가져올 개연성마저 있었다. 더구나 판검사집단은 앞에서 살핀 대로 포항 사회 내부에 깊이 관여하지 않은 채 익명의 사법적 엘리트로 남아있으려는 성향이 강했다. 그러므로 학연이나 지연에 의존한 연줄망 만들기는 기껏해야 초보적인 관계를 확보하는 수준을 넘어서기 어려웠을 것으로 보인다.

그렇다면 포항 사회의 정치적 엘리트들에게는 어떤 대안이 있을 수 있었을까? 이런 맥락에서 주목되는 것은 2003년 당시 포항 사회에 그 이전까지 오랫동안 익명의 존재였던 외지 출신 지식인과 전문직 종사자들이 넓은 의미의 정치적 엘리트 집단 내로 포섭되는 현상이 나타났던 점이다. '지방분권운동'과 같이 개발연대의 중앙집권적 사고방식에 가려 묻혀있었던 새로운 이슈들에 관해서 포항공과대학교, 한동대학교, 위덕대학교 등에 재직하는 대학교수들과 산업과학연구원, 포항테크노파크 등의 연구인력들, 그리고 그 밖의 전문직 종사자들은 상당히 적극적인 태도를 보여 주었다. 이와 더불어 면식 있는 사람들과의 주관적 의리를 중시하고, 배타적 인간관계 속에서 법률관계를 형성하려는 포항 사회의 경향 역시 바뀌는 흐름이 있었다. 종래의 지배블록과 토착시민세력 역시 이와 같은 흐름을 적극적으로 주도하려는 분파와 여전히 신중한 태도를 보이는 분파로 차츰 분화되기도 했다.

정치적 엘리트 집단 내부의 이와 같은 변화는 사법적 엘리트들과의 소통 공간에 관해서도 새로운 해결책을 모색하게 했던 것 같다. 대표적으로는 포항 사회라는 공동의 대상을 위하여 자발적으로 공익운동을 시작한 뒤, 그 움직임에 사법적 엘리트들을 동참시키는 방식을 들 수 있다. 예를 들어, 범죄예방운동이나 부패추방운동과 같은 범시민적 공익운동을 지역 유력인사들이 소속된 시민단체가 주도하면서 포항시장이나 포항시의회 의원들과 함께 포항지원장이나 포항지청장에게 관심과 지원을 요청하고 그 과정에서 협력 관계를 구축하는 것은 자연스러운 일이었다. 이러한 맥락에서 2003년 당시 포항 사회에는 '기관장홀리클럽운동'이나 '부패방지신고센터설립운동' 등이 추진

되고 있었다.[50]

　법원과 검찰청이 설치된 이후 포항 사회의 상층부인 정치적 엘리트 집단이 이와 같은 변화를 보였던 것에 비하여, 저변의 일반 시민들은 별다른 변화를 경험하지 못하고 있었다. 당시 70여 명의 시민을 인터뷰한 결과, 이들은, 남녀노소, 정치적 성향, 직업 및 학력, 포항에서 생활한 기간 등을 막론하고 한국 사회의 구성원들이 보편적으로 가지고 있는 법과 법률가에 대한 피해의식을 공유하고 있었다.[51] 요약하면 법이란 무척 딱딱하고 권위적이며, 법률가들은 모두 무지하게 똑똑하고 돈도 많이 버는 사람들이지만, 고압적이고 거만하며 불친절하여 대하기가 불편한 사람들이라는 것이 이들의 공통 인식이었다. 이는 예컨대 1991년과 1994년에 한국법제연구원에서 시행한 국민법의식조사연구

50　흥미로운 것은 이 두 운동 모두가 개신교라는 또다른 연줄망에 의하여 주도되는 인상이 짙다는 점이다. 기관장홀리클럽운동은 포항성시화운동본부에서, 부패방지센터설립운동은 포항YMCA에서 산파 역할을 맡았다.
51　특징적인 것은 포항 사회의 일반시민들이 면접조사원들에게 보이는 태도였다. 법이나 법률가에 관련된 인터뷰는 일단 최대한 회피하려는 것이 일반적인 경향이었으며, 마지못해 응하는 경우에도 대단히 소극적인 답변태도로 일관하는 예가 많았다. 후술하는 하위법조직업종사자들의 경우에는 일반시민들과는 조금 다른 태도를 보였다. 대체로 초반에는 인터뷰의 목적 등을 집요하게 묻는 등 회피하려는 태도를 취했으나, 인터뷰가 진행될수록 적극적이고 과시적인 태도로 돌변하는 경우가 대부분이었기 때문이다.

의 결과와 대체로 일치했다.[52]

다음은 '법', '판사', '검찰', '변호사'라는 말을 들었을 때 바로 연상되는 단어가 무엇이냐는 질문에 대한 일반 시민들의 답변 중 일부이다.

"짜증스럽다. 법률은 특권층을 위해 존재하는 것 같다. 또한 법률용어 자체가 너무 어렵기 때문에 일반 서민들은 접근조차도 못한다. 법률가들끼리의 법 같다."(32세의 남자회사원, 대졸, 중산층, 포항거주기간 5년)

"딱딱하다. 경직된다. 그리고 법이라는 단어만 들어도 나는 분명 죄가 없는데도 불구하고 긴장된다."(53세의 주부, 고졸, 중산층, 포항거주기간 평생)

"특별한 단어가 떠오르지는 않지만, 내가 법률가들을 안 좋아한다는 것만큼은 확실하다."(60대 초반의 남자무직자, 학력미상, 빈곤층, 포항거주기간 평생)

"냉정하고 돈 많이 밝히 뭐 그런 것! 그런데 세상에 뭐든지 좋은 점이 있으면 나쁜 점도 있고 그런 거지. 솔직히 법 없으면 우리가 어떻게 사나? 약육강식? 법 없으면 힘없는 사람들 살기 힘들지. 그런데 그 법을 하는

---

[52] 두 차례의 국민법의식조사는 '귀하는 법이란 말을 들으면 가장 먼저 어떤 느낌을 갖게 됩니까?'라는 질문에 대하여 합계의 70퍼센트가 넘는 응답자가, '권위적이다', '편파적이다', '엄격하다'라는 답변을 한 것으로 보고하고 있다. 박상철, 『'94 국민 법의식 조사연구』, 한국법제연구원, 1994, 37면

사람들이 하도 돈 밝히고 약한 사람들 사정을 생각 안 해 주니까 사람들이 욕하는 거지 법 자체는 나쁘다고 생각 안 해요."(40대 초반의 여자 청소원, 학력미상, 중하위층, 포항거주기간 40년 이상)

"권위, 부패. 서민들에게는 법이라는 이름으로 힘을 내세우고 횡포를 부리면서 더 큰 힘 앞에서는 굽신거리는 사람들."(42세의 남자회사원, 대졸, 재산상태 미상, 포항거주기간 4년)

"대체적으로 딱딱하고 사무적이란 느낌이 든다. 전문적이고 부유하다는 느낌도 있다."(20세의 여대생, 재산상태 미상, 포항거주기간 20년)

일반 시민들 가운데 포항 사회의 법률가들을 알고 있는 사람들은 많지 않았으며, 알고 있더라도 개인적인 친분에 의한 경우가 대부분이었다. 흥미롭게도, 개인적으로 아는 법률가에 대해서는, '내가 아는 그 사람은 예외적으로 좋은 법률가'라는 방식으로 호의적인 평가를 하는 경우가 적지 않았다. 법원과 검찰청의 설치 후 5년밖에 되지 않아서인지, 법 또는 법률가에 관련된 경험을 가진 사람들 역시 소수에 불과했고, 어쩌다 경험이 있는 경우에도 '아주 골치 아프고 짜증스런 일이었다'는 투의 부정적 체험담을 토로하는 것이 다반사였다. '다른 것은 다 두고, 첫째 인격을 무시해!'라며 분노를 표시하는 경우까지 있을 정도였다. 포항에 법원과 검찰청이 설치된 사실은 대부분 어렴풋하게

나마 알고 있었으나, 그로 인하여 자신들의 생활에 긍정적인 변화가 있었다고 평가하는 사람은 거의 아무도 없었다. 도리어 법원과 검찰청이 들어온 뒤로도 장성동지역이 별로 개발이 안 되어 땅값이 거의 오르지 않았다는 식의 불평을 토로하는 사람들이 있을 정도였다. 정치적 엘리트 집단에서 중요한 변화로 평가했던 '시청공무원들의 뇌물수수사건'이나 '포스코의 납품비리사건'은 거론되지 않았고, 사상 초유의 현직 총장 법정구속사태까지 초래했던 '한동대학교의 재단분쟁사건'을 말하는 사람도 소수에 불과했다. 다른 지역과 비교하여 포항 사회의 법집행이 공정한지를 묻는 질문에 관해서는 대체로 '어디나 똑같다'는 답변이 많았으나, 외지출신의 경우에는 '포항 사회 자체가 준법정신이 결여되어있다'는 식의 부정적인 반응을 보이는 예가 다수였다.

　대단히 흥미로운 것은 '누가 구속되거나 전세금을 날리는 등 법적으로 긴급한 상황이 발생했을 경우에 어떻게 하겠느냐?'는 질문에 대한 일반 시민들의 답변이었다. 거의 모두가 변호사를 선임해서 문제를 해결하겠다는 반응을 보였으며, 실력 있는 변호사를 찾기 위해서는 우선 자기도 잘 알고 법도 잘 알며 변호사도 잘 아는 주변의 사람들을 찾아 상의하겠다고 말했다. 하지만, 하위법조직업종사자들이 그런 중개자 역할을 담당하는 것에 관해서는 부정적인 의견을 표시하는 경우가 많았다. 이처럼 포항 사회의 일반 시민들은 기본적으로 법률가란 아예 신분이 다른 사람이라는 생각을 공유했으며, '사법적 대표로서의 법률가'들이 포항 사회에 출현한 것이나 그로 인해 여러 가지 변화가 발생한 것에 관해서는 대부분 인식 자체가 거의 없었다.[53]

이에 비하여 경찰, 법무사, 법원직원, 공인중개사 등과 같이 일반 시민들과 법률가를 실무적으로 연결하는 하위법조직업종사자들은 2003년 당시에도 일반 시민들보다 훨씬 구체적인 정보와 이해를 확보하고 있었다. 법과 법률가에 관한 인상에서는 일반 시민들과 같은 부정적인 이미지를 나타냈지만, 동시에 일반 시민들의 인식 그 자체에 관해서는 법지식이 부족한 탓도 크

---

53 인터뷰에서 일반시민들에게 질문한 내용은 다음과 같다.
A-1. '법', '판사', '검찰', '변호사'라는 말을 들었을 때, 바로 연상되는 단어는 무엇인가요? 왜 그 단어가 연상된다고 생각하세요?
A-2. 개인적으로 아시는 법률가가 있으십니까? 그중에 포항에 계시는 분은 누구신가요? 그분에 대해서 어떻게 생각하세요?
A-3. 포항에서 사시는 동안 법이나 법률가와 관련하여 경험하신 일 중 가장 기억에 남는 일은 무엇이었습니까? 자세히 설명해 주세요.
A-4. 포항에 법원과 검찰청이 언제 생겼는지 아시나요? 그것들이 생긴 뒤에 포항 시민들의 삶에 어떤 변화가 있었다고 생각하세요?
B-1. 법원, 검찰청, 변호사 사무실 등 법률가들의 집무 공간에 가보신 적이 있나요? 느낌이 어떻던가요?
B-2. 다른 지역에 비해서 포항 사회에서 법의 집행이 공정하다고 생각하세요?
B-3. 누가 구속되거나 전세금을 날리는 등 법적으로 긴급한 상황이 발생한다면 어떻게 하실 생각이신가요?

다는 견해가 대부분이었다. 이들은 '판사는 권위, 검찰은 권력, 변호사는 돈'과 같이 법률가집단의 내부에 관하여 상당히 분화된 이해를 가지고 있으면서도, 기본적으로 포항 사회에서 법률가란 법지식을 가지고 일반 시민들 위에 군림하는 사람이라는 인식을 공유하고 있었다.

자신이 경험한 법적 분쟁에 관해서는 내용을 속속들이 알고 있었고, 굳이 요청하지 않아도 자세하게 설명하는 경우가 대부분이었다. 포항 사회의 법률가들에 관해서는 특히 변호사들을 중심으로 아는 사람들이 많았으며, 자신이 아는 법률가의 경우에는 '실력 있고 훌륭한 법률가'라는 단서를 다는 것이 보통이었다. 포항에 법원과 검찰청이 설치된 사실은 대개 날짜까지 정확하게 기억하고 있었고, 그로 인해 발생한 변화에 관해서도 각기 구체적인 평가가 있었다. 법원이 가까워져서 비용상으로 절약이 된다든지, 검찰청이 생긴 뒤로는 경찰에 고소·고발하는 사건 수가 줄었다는 등의 평가들이 그것이다. 정치적 엘리트들이 거론하는 대형 비리사건들을 변화의 구체적인 예로 드는 경우는 전무했다.

하위법조직업종사자들은 일반 시민들에 비교하여 법에 대한 지식과 경험을 가진 자신들이 포항 사회의 법률가들(특히 변호사들)에 대하여 훨씬 객관적인 평가를 내릴 수 있다고 생각했다.

이와 같은 자신감은 일반 시민들이 변호사를 선임하는 과정에 대한 관찰에도 그대로 이어졌다. 거의 공통된 답변에 따르면, 의뢰인들은 일반적으로 변호사를 그냥 찾아가는 경우는 드물고 어떻게든 중간에 아는 사람을 넣어서 여러 가지를 확인하려고 한다는 것이다. 이 과정에서는 입소문에 의존하는 경우가 많고, 판검사출신 전관 변호사라면 우선적으로 믿고 보는 것이 대다수라고 했다. 하지만, 지나고 보면 차라리 스스로 법지식을 쌓아서 차근차근 문제를 해결하는 것이 더 나은 경우가 많다는 것이 이들의 주장이었다. 말하자면, 법적으로 억울한 일을 당하는 이유는, 간혹 법률가가 게을러서인 경우도 있지만, 십중팔구 본인이 무지하고 미련하기 때문이라는 분석이었다.[54]

다음은 소송이 발생한 경우에 포항시민들이 변호사를 선임하는 일반적인 방식에 대한 하위법조직업종사자들의 답변 중 일부이다.

---

54 인터뷰에서 하위법조직업종사자들에게 질문한 내용은 위 일반시민들에 관한 내용 가운데 A영역의 질문에다가 다음의 내용을 덧붙인 것이었다.
C-1. 일반 포항시민들이 생각하는 법률가의 이미지와 당신이 생각하는 그것 사이에 차이가 있다고 생각하세요?
C-2. 일반 포항시민들은 소송이 발생한 경우에 대체로 어떤 방식으로 변호사를 선임하던가요?
C-3. 그간의 경험 가운데 법률가가 잘못해서 일반 포항시민이 억울함을 당한 경우를 알고 계신가요? 자세히 설명해 주세요.

"주위 사람들에게 물어서 연고 있는 변호사를 의뢰해. 아무래도 조금이라도 아는 사람이 연결되어 있으면 잘해줄 거라는 믿음이 있어서 그러는데, 사실은 똑 같애."(40세의 남자공인중개사, 대졸, 재산상태 무응답, 포항거주기간 미상)

"솔직히 말해서 판사나 검사를 하다가 그만둔 사람을 알아보고 찾아간다. 조금만 알아보면 그런 변호사는 금방 알 수 있다."(31세의 남자형사, 대졸, 중하위층, 포항거주기간 2년)

"보통은 어떻게 해서든 아는 사람을 통해서 해결하려고 하고, 어떻게 할 수 없는 경우에는 그냥 방문해서 상담하더라."(54세의 남자법무사, 중졸, 하위층, 경주에서 출퇴근)

"변호사사무실을 찾아가거나 연줄을 통하거나 한다. 어떤 시민들 중에는 자기한테 어떤 변호사가 좋을지 문의해오는 경우가 있다. 솔직히 나는 어떤 변호사가 실적이 좋고 일을 잘한다는 것을 안다. 하지만 우리는 절대 발설하지 않는다. 그것은 법원규칙에도 정해져 있다."(34세의 남자법원사무직원, 대졸, 중하위층, 포항거주기간 3년)

이상의 분석을 종합하면서, 나는 2003년 현재 포항 사회에서 사법적 권력체제의 배경을 이루는 법문화적 지형에 관하여 다음과 같은 스케치를 제출할 수 있었다. 첫째, 포항 사회의 저변을 차지하는 대다수 일반 시민들은 법원과 검찰청이 설치된 이후에도 여전히 법률가란 권위적이고 불친절한 높은 신분의 사람들이라는 인식 속에서 이들에 대한 막연한 불만을 가지고 있다. 둘째, 포항 사회의 상층부를 차지하는 넓은 의미의 정치적 엘리트 집단은 법(사법기구)과 법률가들이 포항 사회의 중심부에 등장한 이후 여기에 적응하는 과정에서 내부적으로 상당한 구조적 변화를 경험하고 있다. 셋째, 상층부의 변화와 저변의 불변이라는 상황 속에서도 실제로 일반 시민들을 법률가들과 연결시키는 하위 법조직업종사자들은 법원과 검찰청의 설치 이후 조성된 새로운 조건 속에 효과적으로 적응하고 있다.

그렇다면 2003년 당시 포항 사회에서 법률가의 자리는 어디였다고 말할 수 있을까? 그리고 2023년의 상황과 비교할 때, 그동안 포항 사회에서 법률가의 자리는 얼마나, 어떻게 변화했다고 말할 수 있을까? 포항의 법률가에 대한 법사회학적인 소묘를 제시하려는 이 글의 목표를 달성하기 위해서라면 이러한 질문들에 대한 답변을 피할 수는 없다. 나는 이제 이 글의 첫 부분에 내세웠던 생각, 즉 '사법도 대표'라는 실마리에 다시금 의존하면서 가능한 범위에서나마 이 작업을 진행해 보려고 한다. 이 경우 질문의 내용을 다음과 같이 조금 바꾸어도 무방하리라고 보인다. 포항 사회에서 '사법적 대표로서의 법률가'라는 규범과 '사법은 법률가들의 독점영역'이라는 현실 사이의 간극은 어떤 방식으로 관리되어왔는가? 포항 사회에서 사법적 헤게모니는 어떤 방식으로 유지 및 관리되고 있는가?

　2003년의 경우, 여전히 압축 근대의 모순을 고스란히 가지고 있던 포항 사회는 민주화 이후 시민사회의 활성화를 요청하는 목소리들에 힘입어 긍정적인 방향으로 변화하고 있었다. 그리고 그 과정에서 법과 법률가는 때로는 기생적인 지배블록에 대항하여 토착시민세력을 지원하는 도구로, 때로는 폐쇄적인 토착 사회에 맞서서 외지출신시민들을 보호하는 도구로 나름의 역할을 수행하고 있었다. 반대자들의 목소리를 무시하고 바다를 메워 용광로를 건설했던 강력한 국가권력은 더 이상 포항 사회에 존재하지 않았으며, 지역사회에서 이를 관철시켰던 '중앙집권적 개발레짐'은 더 이상 과거처럼 작동하지 않고 있었다. 그러므로 1998년 10월 1일 이후 법과 법률가를 통해 포항 사회의 사법대표기구를 (재)구축하는 것은 숙명적인 요청일 수밖에 없었다. 그렇다면, 2003년 당시 포항 사회는 그러한 변신에 성공하고 있었는가?

　앞에서 살폈듯이, 넓은 의미의 정치적 엘리트집단은 적절한 자기 변신을 통해 어느 정도 적응에 성공하고 있었다. 일반시민과 법률가집단을 연결하는 하위법조직업종사자들도 마찬가지였다. 그러나 법률가들의 대다수는 포항 사회의 근본적인 변화를 감지하지 못한 채, 마치 공중에 붕 떠 있는 듯한 느낌이었다. 이는 신개발지 한가운데 포항지원과 포항지청의 건물들이 나란히 서 있고, 법조빌딩을 자처하는 몇 개의 신축건물을 제외하면 사실상 아무것도 없어서, 마치 육지 속의 섬에 사는 것과 같았던 2003년 당시 포항의 법률가사회가 자리한 공간 구성과 유사한 느낌이었다. 특히 판검사들의 경우는 마치 정처 없는 나그네들처럼 2-3년이 지나면 돌아갈 자신들의 본거지를 그리워하고 있는 듯한 형국이었다.

2003년 당시에도 포항의 일반 시민들은 법과 법률가들에 대한 피해의식에서 자유롭지 못했다. 하지만 이들을 포항 사회의 법률가들이 드러냈던 공중에 붕 떠 있는 듯한 느낌의 원인제공자로 탓할 수는 없었다. 문제는 오히려 법과, 특히 법률가들 쪽에 존재했다. 서울이나 대구에서 파견되는 판사들은 법정과 사무실 속에서 사건기록에만 매달려 있었고, 서울에서 파견되는 검사들은 조직의 엄격한 규율 속에서 수사의 관점에서만 포항시민들을 만났을 뿐이다. 게다가 이들은 오래지 않아 나름의 추억만을 안고 다시 본거지로 돌아가야 하는 운명이었다. 판사 혹은 검사 출신의 소위 전관 변호사로서 다시 나타나지 않는 한, 포항 사회에서 그들의 이름은 오직 판결문이나 공소장의 서명란에만 남아있게 되었을 것이다. 돌아간 그들은 과연 포항시민들의 이름을 기억할 수 있었을까?

포항 사회에서 뿌리를 내리고 살아가는 변호사들에 대해서도 아쉬움은 적지 않았다. 젊잖게 변호사 사무실과 법정만을 오가는 그들을 포항시민들이 만날 수 있는 것은 대체로 변호사 사무장과 같은 매개자들을 통해서였다. 그것도 일반 시민들이 의뢰인이 되어 법적으로 궁지에 몰렸을 때, 바로 그때만 이들은 변호사선임계약서와 함께 이름을 드러냈던 것이다. 이들은 왜 좀 더 일찍 일반 시민들에게 얼굴을 보여 주지 않았던 것일까? 왜 좀 더 적극적으로 시민들의 공론장에 모습을 드러내지 않았던 것일까?

2003년 12월 29일 나는 인터뷰와 참여관찰에 의한 연구의 중간결과를 포항 YMCA에서 발표했다. 그 직후 가진 인터뷰에서 당시까지 15년 정도 지역시민운동에 헌신해 온 한 시민운동가는 포항 사회에서 법률가의 자리에 관해 다음과 같은 한마디로 답변을 대신했다.[55]

"포항에서 법률가요? 귀족이죠, 한 마디로 귀족들이에요!"

[55] 2003년 12월 29일 포항 YMCA에서 본 연구의 중간결과를 발표한 이후 진행된 인터뷰 내용.

어떤 고결함과 권위, 또한 그와 동시에 어떤 권력과 무위도식의 이미지가 겹쳐 있는 '귀족'이라는 표현은 포항 사회에서 법률가의 자리에 관하여 일정한 방향을 제시하고 있었다. 달리 말하면, 사법적 헤게모니의 유지와 관리라는 관점에서 20년 전 내가 도달했던 결론은 바로 '익명성의 정치'였다. 여기서 익명성이란 말 그대로 법률가와 시민들이 서로의 얼굴과 이름을 모른 채 분리되어 살아간다는 의미였다. 어차피 좋은 일로 만날 수 있는 사이가 아니라면, 아예 피차 모르고 살아가는 것이 좋을 수도 있다. 그러나 그 경우 법적 분쟁의 필연성을 전제로 '사법적 대표로서의 법률가'라는 명제를 내걸고 있는 대한민국 헌법의 가치지향은 어떻게 되는가? 민주적 대의정치를 헌법원칙으로 채택한 이상, 사법과정에서도 익명성은 미덕이라기보다는 반드시 극복하지 않으면 안 되는 악덕에 가까운 것이 아니었을까?

그렇지만, 이와 같은 헌법적 요청과는 정반대로, 2003년 당시 포항 사회의 법률가집단과 시민들 사이에는 익명성의 담벼락을 높이는 장치들이 여럿 작동하고 있었다. 우선 법과 법률가에 관하여 일반 시민들이 널리 공유하는 딱딱하고 권위적이며 짜증나고 피하고 싶다는 인식들은 공통적으로 다음의 몇 가지 이미지들로 구성되어 있었다. 첫째는 '바깥'의 이미지, 즉 법과 법률가는 자신들의 삶의 중심에서 발생한 것이 아니라 멀리 바깥 또는 바깥의 진짜 중심으로부터 주어진 것이라는 이미지였다. 둘째는 '높음'의 이미지, 즉 법은 무지하게 어려운 것이며, 따라서 그것은 사법고시를 통과한 높은 사람들이 다룰 수 있는 것이라는 이미지였다. 셋째는 '성곽'의 이미지, 즉 이처럼 바깥의 진짜 중심으로부터 주어진, 높은 법과 법률가는 그렇기 때문에 성곽을 짓고 일반시민들과는 다른 자신들만의 삶을 살게 되는 것이라는 이미지였다. 마지막으로 넷째는 '은총'의 이미지, 즉 성곽 속에 있는 법과 법률가에 관해서는 일반시민들은 언제나 선택권을 그 쪽에게 넘겨주는 태도, 다시 말해 선택하는 것이 아니라 선택받는 섭리기구(攝理祈求)의 태도를 가져야만 할 것 같은 이미지였다.

2003년의 포항에서 이와 같은 이미지들로 구성된 익명성의 담벼락은 법원과 검찰청을 가까이에 설치하는 것으로도, 그리하여 한꺼번에 60여명의 법률가들이 등장하게 되는 것으로도 쉽사리 깨뜨릴 수 없었다. 게다가 법률가집단 내부에 고착화된 여러 장치들(인사제도, 인사관행, 연령구성, 업무장소, 교제범위, 조직이미지, 경제적 이해관계 등)은 익명성의 이미지들을 걷어 버리기는커녕 더욱 강화하고 심지어는 활용하는 방식으로 체계화되어 있었다. 기실 고등학교까지 포항에서 보낸 젊은이가 판검사를 지내고 변호사가 되어 고향에 돌아오는 것은 너무도 환영할 만한 일이다. 그러나 그렇게 다시 돌아왔을 때 그 젊은이는, 그 법률가는, 전혀 다른 사람이 되어 있다. 마치, 어떤 고결함과 권위, 또한 그와 동시에 어떤 권력과 무위도식의 이미지가 겹쳐 있는 '귀족'처럼, 그는 일반시민들의 삶에 그다지 관여하지 않은 채, 법적 분쟁이 발생했을 때만, 매개자들을 통하여 그 얼굴과 이름을 드러낼 뿐이다. 포항의 송도백사장이 아니라 일산의 사법연수원이 자신의 모든 것을 형성한 권력적 고향이기 때문이다. 이처럼 익명성의 담벼락을 허물지 않고 더욱 활용하는 것, 그리하여 그것을 법률가들에 의한 사법권의 안온한 독점으로 연결하는 것이 2003년 당시 포항 사회를 지배하는 사법적 헤게모니의 한 측면이었다.

주지하듯이, 2003년 당시 한국 사회의 공론장에는 바로 이 메커니즘을 깨뜨리기 위한 논의가 사법개혁이라는 이름으로 진행되고 있었다. 그러나 그 논의의 전제로서 사법적 헤게모니 그 자체, 특히 '익명성의 정치'에 대한 정당한 인식이 공유되고 있는지에 관해서는 의심할 바가 적지 않았다. 헌법정신, 특히 '참여'와 '자치'의 민주적 가치에 입각한 사법개혁을 위해서는 '익명성의 정치' 그 자체를 문제 삼는 일종의 역-헤게모니전략(counter-hegemony strategy)이 반드시 필요했으나, 그 필요성에 관해서는 사법개혁의 주창자들조차 민감하게 반응하지 못했다. 만약 그와 같은 역헤게모니 전략을 채택할 수 있었다면, 지역사회의 법과 법률가에 관해서는 앞서 언급한 것들과 정반대의 이미지들, 즉 바깥이 아니라 '안', 높음이 아니라 '평평함', 성곽이 아니라 '마당', 은총이 아니라 '자조(自助)'의 이미지들이 전면에 제시되어야만 했을 것이다.

그러나 유감스럽게 이러한 역헤게모니 전략은 2003년에서 2023년까지 20년이 지나는 동안 전혀 구사되지 못했으며, 솔직히 말해서, 어디서도 제대로 이해되지 못했던 것으로 보인다. 이 글의 관점에서, 지난 20년 동안 사법적 거버넌스를 로컬리티의 시각에서 다시 이해하고 적극적으로 재구성하려는 노력은 포항 사회는 물론 대한민국의 어느 지역에서도 제대로 진행되지 않았고, 대한민국 전체로 보아도 사정은 마찬가지이기 때문이다. 2009년부터 시작된 법학전문대학원-변호사시험체제에서도 이 문제에 관한 한 이렇다 할만한 개선이 이루어졌다고 보기는 어려울 것 같다.

그렇다면, 이처럼 별다른 노력도 진행되지 않고, 별다른 개선도 이루어지지 않은 상황에서 앞 장에서 살폈듯이 2023년 포항 사회의 법률가들이 보여 주는 일정한 변화의 모습은 어떻게 평가되어야 할 것인가? 지난 20년 동안 포항의 법률가사회에서 변한 것과 변하지 않은 것의 관계는 어떻게 설명될 수 있을까? 2023년 현재 포항 사회에서 법률가의 자리는 어디인가?

2003년과 달리 2023년의 포항 사회에 관하여 나는 일반 시민 및 하위법조직역종사자들을 대상으로 별도의 인터뷰나 법의식 조사를 진행할 기회를 확보하지 못했다. 하지만 이에 관해서는 다행히 국책연구기관인 한국법제연구원이 1991년 이래 전 국민을 대상으로 진행하고 있는 국민법의식조사의 결과가 있어서 간접적으로나마 변화의 추이를 짐작할 수 있다. 2019년 통계청 국가통계개발사업 대상과제로 선정되기까지 국민법의식조사는 모두 다섯 차례 진행되었고, 조사 항목을 고정하고 조사 시기를 2년으로 정례화한 뒤 첫 번째 조사는 2021년에 실시되었다. 이하에서는 일단 한국법제연구원의 조사결과를 바탕으로 포항 사회에서 법률가의 자리를 찾기 위한 배경적 논의를 시도해 보자.[56]

1991년 이래 한국 법의식 조사의 연구사를 검토한 황승흠은 이를 기반으로 한국인의 법의식이 변화해 온 추이를 다음의 여섯 가지로 요약한 바 있다. 첫째, 전통적 법의식이 1990년대 이

---

56 이유봉·김대홍, 『한국인의 법의식: 법의식조사의 변화와 발전』, 한국법제연구원, 2020

후로 점점 약화되고 있으며 영향력도 미미한 수준이 되었다고 볼 수 있다. 법에 대한 인상이나 평가가 부정적인 것은 50년간의 법의식조사에서 일관되게 나타나고 있으나 그 원인이 전통적 법의식 때문이라고 보기 어렵다. 둘째, 전통적 법의식의 퇴조와 함께 새롭게 등장한 것이 자기중심적 법의식이다. 법을 개인의 이익 실현의 수단으로 보는 관점은 1990년대 이후 등장하여 점차로 강화되고 있는 추세이다. 셋째, 50년간에 걸쳐서 법지식의 정도는 일관되게 낮게 나온다. 넷째, 법감정 측면에서는 법에 대한 인상이 일관되게 부정적으로 조사된다. 다섯째, 법에 대한 인지도도 낮고 법감정도 부정적이지만 법행동의 수준은 매우 높은 것으로 조사된다. 여섯째, 그럼에도 한국인은 준법 수준의 평가에 대해서는 매우 인색하다.[57]

이와 같은 결과를 바탕으로 황승흠이 주목하는 것은 한국인의 법의식이 이중적이라는 점이다. 다른 사람들이 법을 잘 안 지킨다고 생각하면서 본인이 법적 행동에 나설 의사가 강하다는 것은 기본적으로 상충되는 태도이다. 이와 같은 상충을 설명할 수 있는 관건으로 황승흠은 타인의 준법수준에 대한 평가가 아니라 응답자 본인에 대한 준법수준의 평가가 매우 긍정적이라는

---

57 황승흠, 「한국 법의식조사 연구사의 검토」, 법학논총 제22권 제2호, 2010

조사결과를 지적한다. 여기에는 대단히 자기중심적인, 특히 개인의 이익 실현을 중심으로 법을 바라보는 관점이 배어있으며, 이를 통해서 앞서의 상충을 설명할 수 있다는 것이다. 이 점에서 황승흠은 법의식 조사연구의 초기에 주목되었던 전통적 법의식과 근대적 권리의식 간의 이중성이 다른 종류의 이중성으로 대체되고 있다고 진단한다. 법에 대해서 불신하면서도 강한 법행동 의사를 갖고 있다는 것, 타인의 준법수준은 낮다고 평가하면서도 본인 스스로의 준법수준은 높다고 평가하는 것, 이 사회의 준법수준이 낮다고 보면서도 법적 행동의 의사가 강하다는 것 등등의 이중성이다.[58]

2021년의 법의식 조사결과는 이와 같은 이중성을 확인하면서도 일정한 변화를 드러내는 측면이 있다. 이에 따르면 응답자의 60.7%는 한국 사회에서 법은 '힘 있는 사람의 이익을 대변한다'고 답했으며, '그렇지 않다'고 응답한 사람은 8.5%에 머물렀다. '법이 권력을 통제하지 못한다'는 응답은 15.2%, '법이 분쟁을 해결하지 못한다'는 응답은 10%였다. 이처럼 법에 대하여 기본적으로 부정적인 인식을 보이면서도, '법이 공정하게 집행

---

[58] 황승흠, 앞의 글, 75-81면

된다'는 응답은 53.8%, '법이 국민의 이익을 대변한다'는 응답은 51.6%로 나타났다. 위에서 언급한 이중성을 엿볼 수 있는 대목이다. 이 점에 관해서 주목되는 지점은 한국 사회에서 법치주의가 구현되지 않는 이유에 대한 응답이다. 이 항목에 대해서는 '사회지도층의 법 준수 미흡'이 32.8%로 가장 많이 거론되었고, '부적절한 법집행'이 27.9%, '권위주의'가 20.6%이어서, 이 셋을 합하면 80%에 육박하는 수치였다. 이에 비하여 '국민 법의식 부족'은 단지 18.4%만이 거론되었다.[59]

흥미로운 것은 몇 가지 세부분석 지표에서 법에 대한 인식이 개선되는 추세를 보였다는 점이다. 예를 들어, '법은 정의롭다'는 항목에 대해서 '매우 그렇다' 또는 '대체로 그렇다'고 평가한 응답자가 2019년 49.5%에서 2021년 57.2%로 약 7.7%p 증가했으며, '별로 그렇지 않다' 또는 '전혀 그렇지 않다'는 응답은 18.8%에서 9.9%로 8.9%p 낮아졌다. '법은 공정하게 집행된다'는 항목에 대한 답변도 51.9%에서 58.7%로 6.8%p 증가했고, '정부의 정책판단은 공정하고 믿을 수 있다'는 답변도 47.2%에서 62.4%로 15.2% 증가했다. 한국법제연구원에 의하면, 이러한 경향은 소득수준이 낮을수록 두드러져서, 예컨대 월소득

---

[59] 이유봉, 『2021년 국민법의식조사 연구』, 한국법제연구원, 2021

200만원 이하 응답자의 경우 '법이 정의롭다'고 긍정적인 답변을 한 비율이 2019년 52.6%에서 2021년 66.4%로 2년 만에 13.8%p 높아졌다.[60]

2021년 국민법의식조사의 연구책임자인 이유봉의 평가에 따르면 이와 같은 결과는 법에 대한 의식의 초점이 "기회의 균등에서 불공정한 결과의 조정 쪽으로 조금씩 이동"하고 있음을 보여준다.[61] 문제는 이러한 초점 이동의 동력으로서 황승흠이 말하는 자기중심적 법의식, 즉 법을 개인의 이익 실현의 수단으로 보는 관점이 작동하고 있으며, 특히 한국 사회의 분배구조에서 상대적인 약자인 저소득층을 중심으로 이와 같은 관점이 점차 강화되고 있다는 사실이다. 법에 대한 전반적인 인식이 개선되는 추세가 뚜렷함에도 불구하고, 법치주의의 장애물로서 사회지도층의 법 준수 미흡과 불공정한 법집행, 그리고 권위주의를 지목하는 응답이 80%에 육박하고 있는 점은 이러한 판단을 충분히 뒷받침한다.[62]

그렇다면 한국 사회의 구성원들 전체가 보여 주는 이와 같은

---

60 이유봉, 앞의 보고서(2021), 제3장
61 이유봉, 앞의 보고서(2021), 13면
62 이유봉, 앞의 보고서(2021), 112-3면

법의식의 변화는 포항 사회에서 법률가의 자리를 스케치하는 이 글의 문제의식에 관하여 어떠한 의미로 이해되어야 할까? 무엇보다 2003년에 확연하게 드러났던 법률가와 일반 시민들의 법에 대한 태도의 차이가 이를 통해 상당히 약화될 수 있음에 유념할 필요가 있다. 일반 시민들이 법을 자신들의 이익을 실현하는 수단으로 전제하고, 그 방법으로서 불공정한 분배결과를 조정하는 법적 수단을 강구하기 시작하면, 결과적으로 법률가와 일반 시민들의 차이는 점차 좁아질 수밖에 없기 때문이다.

이러한 상황에서 법률가들이 일반 시민들로부터 제기되는 사법적 대의에 관한 다양한 요청에 직면하게 되는 것은 사태의 자연스러운 전개이다. 여기서 주목할 점은 만약 이 과정에서 법률가집단 내부의 경쟁을 강화하는 또 다른 요인이 추가될 경우, 사법적 대의의 활성화는 불가피한 측면을 가지게 된다는 것이다. 앞서 살펴본 것처럼, 2023년 포항의 법률가집단은 사법시험 합격자의 증가 및 법학전문대학원-변호사시험체제의 출범으로 2003년에 비하여 상당한 수준의 규모 및 구조 변화를 보여준다. 따라서 포항 사회의 경우 일반 시민들 차원에서 벌어진 법의식의 변화가 사법적 대의의 강화라는 결과로 이어질 수 있는 개연성은 이미 상당한 수준이라고 평가할 수 있을 것이다.

이와 같은 일종의 가설을 확인하기 위한 방편으로서 이 글은 잠시 포항 사회에서 사법적 대의과정의 반대쪽에 있는 입법적 대의과정의 상황을 살펴보고자 한다. 그 이유는 법창조와 법발견의 다이내믹스라는 자유민주주의의 고유한 법정치학적 특징에 비추어 볼 때, 법획득의 방식으로서 사법적 대의과정의 강화는 입법적 대의과정에도 일정한 변화를 초래할 가능성이 크기 때문이다. 포항의 사법기구가 근본적으로 대한민국이라는 주권국가의 국가사법기구라는 점에서 사법적 대의와 입법적 대의의 상호관계에 관한 고찰은 기실 대한민국 국회와 대한민국 법원(또는 헌법재판소)의 상호관계를 중심으로 이루어지는 것이 마땅할 것이다. 그러나 앞서 살핀 바와 같이 국회의 특별법 입법이 이미 완료되어 피해구제도 막바지에 이르고 있는 형편임에도 불구하고, 사법적 대의과정에서 이 문제와 관련된 가장 핵심적인 쟁점인 포항지진 관련 손해배상소송이 아직 1심 단계에 머무르고 있는 까닭에 주권국가의 차원에서 입법적 대의과정과 사법적 대의과정의 상호관계를 고찰하기에는 시기상조인 측면이 있다. 따라서 그보다는 사법적 거버넌스의 로컬리티에 주목하려는 이 글의 문제의식에 비추어 동 집단소송의 1심 단계에 일정한 대응관계에 놓여 있는 포항시의회의 논의과정에 주목해 보고자 한다. 여기에는 앞서 2003년의 상황을 살피면서 확인했던 바, 사법적 대의의 강화를 주장하는 포항시의회 차원의 논의와의 사이에 어떠한 연속성이 존재하는지를 평가해 보려는 의도도 포함되어 있다.

이하에서 분석할 포항시의회 논의는 2019년 6월 26일(수) 개최되었던 포항시의회 제1차 정례회 제18차 지진피해대책특별위원회의 내용이다. 이날 회의의 안건은 동년 11월 15일 포항지진 특별법과 피해배상을 위한 포럼개최에 대한 보고, 11.15 지진특별법개정 대응방안수립용역에 관한 보고, 그리고 지진피해대책특별위원회 활동기간 연장 동의 건이었다. 회의 시작 후 김상원 위원장의 사회로 먼저 포항시 지진대책국장의 위 포럼 개최에 대한 보고가 있었다. 회의록 가운데 그 내용의 핵심을 추려보면 아래와 같다.[63]

> "…지난 3월 20일 정부 조사단은 포항지진은 지열발전으로 인한 촉발지진이라고 발표하였습니다. 이후 청와대 국민청원 전개, 범시민 대책위원회 출범 및 산자부 국회 항의집회 등 그동안 민관이 합심하여 지진특별법 제정을 위해 다양한 노력을 펼쳐왔습니다. 정부의 즉각적인 사과와 피해배상을 기대했던 우리 시민들의 열망은 정부와 국회의 소극

---

63 포항시의회 회의록 검색시스템(http://councildata.pohang.go.kr/)의 해당 회의록에서 발췌 인용

적인 대처로 인해 지진 당시 입었던 정신적, 경제적 고통 이상으로 더 큰 상처를 받고 있습니다. 이에 답보상태에 머물러있는 특별법의 조속한 제정을 국회와 정부에 촉구하고자 서울에서 포럼을 개최코자한 것입니다.…

…포럼은 정부조사단 발표 100일을 맞이하여 7월 2일 오후 2시에 발표가 이루어졌던 한국 프레스센터에서 열립니다. 참석인원은 300여명 정도로 예상하고 있으며 행사목적은 특별법안 촉구를 위한 법조계 전문가 발표와 피해배상 대책을 위한 전문가 의견수렴, 또한 행사장 로비를 활용하여 지진특별법 시민청원, 지열발전소 모형전시, 사진전 등 부대행사도 진행하게 될 것입니다. 특히 포토존을 활용, SNS를 통해 포항지진의 지속적인 관심을 유도할 계획입니다.…

…포럼은 1부와 2부로 나누어서 1부는 전문가 발표와 2부는 청중과의 소통으로 구성됩니다. 첫 발표자로 서울고등법원 판사를 역임한 김무겸 법무법인 로고스 대표변호사가 11.15 포항지진 피해배상 및 지역재건특별법 전반에 대하여 설명합니다. 이어 현 국토교통부 고문변호사로 활동 중인 이승태 법무법인 도시와사람 변호사가 포항지진 진상조사특별법의 필요성과 사례를 소개하고 해양수산부 태안유류오염 피해조사지원단 법률자문위로 참여했던 문광명 법무법인 선율 대표변호사가 인적재난 관련분야에 대하여 설명합니다. 지역의 공봉학 변호사는 특별법 중 피해배상과 관련하여 전반적인 정보를 제공하며 특별 세

션을 통해 김광희 부산대교수가 포항지역의 지진감시현황과 지역발전부지안전성에 대한 연구발표를 진행합니다. 2부에서는 분야별 전문가가 모두 참여하는 청중과의 소통의 자리를 마련하여 시민들의 궁금증과 불안감을 해소할 수 있는 기회를 제공할 계획입니다.…

…포럼 4대 주요특징입니다. 첫째, 정부조사단의 공식발표 100일 이후 동일 장소에서 포럼을 개최함으로서 특별법의 조속한 제정을 촉구하는 계기가 마련될 것입니다. 둘째, 정부조사단 발표 이후 서울에서 개최되는 첫 지진 특별법 및 피해배상 관련 포럼으로 국회, 정부 등 전국적인 관심을 유도하고 특별법 제정의 필요성을 강조할 수 있습니다. 셋째, 특별법, 피해배상, 지진전문가 등 분야별 다양한 의견을 청취하여 포항시의 향후 대응방안을 위한 로드맵을 구축하는 데 도움이 됩니다. 넷째, 청중과의 격의 없는 소통창구를 마련하여 시민들의 궁금증과 불안감을 해소할 수 있는 기회를 제공할 것입니다.…"

이 회의에서 내가 특별히 주목하고 싶은 대목은 이와 같은 포항시의 보고에 대하여 지진피해대책특별위원회 위원인 김민정 포항시의원의 질문과 이에 대한 포항시 지진대책국장의 답변이다. 여기에는 포항지진이 촉발지진으로 밝혀지면서 펼쳐진 낯선 정치적 대의공간에서 입법적 대의와 사법적 대의의 긴장관계가 의외로 농밀하게 드러나고 있다.

"○ 김민정위원 : 지금 이 시점에 특별법 제정을 위해서 가장 필요한 포럼의 주제가 뭐라고 생각하십니까? 어떤 방향으로 포럼의 콘셉트를 잡으셨습니까?

○ 지진대책국장 : 포럼의 주제가 현재 특별법이 제출발의가 되어있으니까 빨리 제정해달라는 내용입니다.

○ 김민정위원 : 조속한 제정을 촉구하는 계기 마련. 지난번 공청회 열렸을 때 참석하셨죠? 포럼 패널을 보면 공청회 때 나오셨던 분들이 중복해서 들어가 있습니다. 원고 체크해 보셨습니까?

○ 지진대책국장 : 양이 많아서 정확하게 다 보지는 못했습니다.

○ 김민정위원 : 아침에 원고를 받아서 다 봤는데요. 1시간도 안 걸렸습니다. 국장님은 이 포럼이 드라마라고 하면 드라마를 연출하는 PD아니십니까? 그러면 이 포럼이 기획된 의도에 맞게 원고가 작성됐는지 그걸 큐사인 들어갈 때까지 체크하셔야 되는 게 아닙니까?

○ 지진대책국장 : 하고 있습니다.

○ 김민정위원 : 제일 중요한 원고는 체크 안하셨다면서요?

○ 지진대책국장 : 아직 세세히 보지는 못했습니다. 제가 받아놓고 사실 오늘도 볼 시간이 없었습니다. 한번 훑어는 봤습니다.

○ 김민정위원 : 훑어보셨다면 문제점 같은 것은 확인하셨습니까?

○ 지진대책국장 : 전반적인 부분에서는 제가 법률전문가가 아니기 때문에 그냥 훑어보기는 했습니다.

○ 김민정위원 : 아무 문제없다고 말씀하시는 거죠?

○ 지진대책국장 : 그건 문제라고 지적하기가 제가 부족한 부분이 있습니다.

○ 김민정위원 : 그러면 이대로 진행을 하신다는 말씀이십니까?

○ 지진대책국장 : 저희들은 오래전부터 이런 포럼을 계획하고 있기 때문에 이미 벌써 주제 발표하시는 분들, 변호사님들 다 선임이 되어있고 하니까 날짜도 픽업이 되어 있고…

○ 김민정위원 : 좋습니다. 국장님 여기서 특별법은 어떤 법안을 말하는 겁니까?

○ 지진대책국장 : 지진피해특별법입니다.

○ 김민정위원 : 그러니까 지진피해특별법, 지금 안이 나와 있는 게 2개가 있지 않습니까?

○ 지진대책국장 : 2개 안으로 포럼을 개최하는 겁니다.

○ 김민정위원 : 2개 안으로 원고가 작성됐습니까?

○ 지진대책국장 : 원고는 변호사가 그 원고를 보고.

○ 김민정위원 : 이 특별법의 조속한 제정을 촉구하는 포럼이지 특별법의 핵심내용을 가지고 감정적인 비난을 하는 포럼이 아니지 않습니까?

○ 지진대책국장 : 감정적인 부분이 있는지 그런 것은 잘 모르겠습니다.

○ 위원장 : 김민정 위원님 어떤 부분이 감정적인 부분입니까? 구체적으로 지적을 해주십시오.

○ 김민정위원 : 오늘 오전에 원고를 받아봤고요. 먼저 첫 번째 패널 공봉학 변호사님의 발표원고는 지난 번 공청회 때 발표원고와 크게 다른 점이 없었습니다. 특히 김정재 국회의원의 법안을 중심으로라고 작성된 원고는 이 법안의 핵심인 배상금을 국가가 우선 지급하고 그 금액을 넥스지오에 대리청구할 수 있도록 대리청구에 대한 조문에 대해서 이 규정이 국가의 책임을 정면으로 부정하는 취지이고 국가가 포항지진에 대한 책임이 없음을 국회가 인정해주고 선언해주는 꼴이다, 이렇게 표현이 되어 있습니다. 포항시가 서울에 가서 프레스센터에서 진행하는 특별법 포럼이에요. 이런 원고 내용이 맞습니까? 그 포럼에서 논의되어야 하는 내용이 이게 맞습니까?

○ 지진대책국장 : 포럼은 물론 좋은 점도 있지만 거기에 대해서 반해서 이야기할 수 있는 내용으로 토론이 이루어져야 된다고 저는 보고 있습니다.

○ 김민정위원 : 국장님 이것은, 이 법안의 핵심에 대한 감정적 비난이죠. 변호사들한테 자문을 받아보십시오. 이건 공동불법행위를 어떻게 구상할 것인가에 대해서 직접적으로 조문으로 규정을 해서 국민들이 먼저 배상받도록 하는 조문에 대해서 감정적인 비난을 한 것밖에 없어요. 법안의 핵심에 대해서 이렇게 표현한 원고를 체크해

보지도 않고 포럼준비가 됐다고 말씀하시는 겁니까?

○ 지진대책국장 : 내용이 감정적으로 표현됐다는 것은 잘못됐지만 그걸 봤을 때 반대론도 주장할 수 있고 찬성론도 주장할 수 있고 그건 토론이기 때문에 서로 의견이 틀리더라도.

○ 김민정위원 : 반대론은 누가 주장합니까? 토론이 아니라 발제자 원고 공청회 때 이런 식으로 공청회가 된 것에 대해서 문제제기가 여러 번 되지 않았습니까? 그걸 왜 포항시가 주도하는 포럼에서 반복하시냐는 거죠. 이게 특별법 제정에 어떤 도움이 됩니까?

○ 지진대책국장 : 문제제기한 부분이 정확하게 어떤 부분인지 다시 한 번 보겠습니다.

○ 위원장 : 아마 대외청구권 규정에 관한 부분인데 이 부분에 대해서는 본 위원장이 봐도 여러 가지 견해는 가질 수 있거든요.

○ 지진대책국장 : 그런 부분이 있으면 안 되죠. 제가 보겠습니다. 토론의 과정에서 상대방을 감정적으로 대한다던지 이런 것은 안 되고 이런 법에 대해서는 이런 쪽으로 하면 좋겠다고 반대론을 할 수도 있고 찬성론을 할 수도 있는데 그런 토론의 자리기 때문에 감정적으로 해서는 안 된다고 보고 있습니다."

이 대화를 깊이 이해하기 위해서는 그 이면의 맥락에 대한 상황 설명이 불가피하다. 앞에서 말했듯이, 2017년 11월 15일 발생한 포항지진은 2019년 3월 20일 정부조사연구단에 의하여 정부가 발주한 지열발전 실증사업 수행과정에서 벌어진 이른바 '촉발 지진'으로 밝혀졌다. 이 정부 발표 이후 포항 사회에서는 시민적 차원의 대응 방향을 놓고 크게 둘로 입장이 갈라졌다. 한쪽에서는 진상조사와 피해구제를 위한 특별법의 입법 추진에 총력을 모으자고 했고, 다른 쪽에서는 해당 기업과 정부에 대한 집단적 손해배상소송을 제기하자고 했다. 2018년 중반부터 공동소송인을 모으던 후자 쪽에서 서울의 법무법인을 소송대리인으로 내세우자, 2019년 3월 28일 포항의 지역 변호사 9인도 별도의 공동소송단을 구성하여 절차를 진행할 것을 공표했다.

이처럼 포항지진에 관련하여 사법적 대의의 주체와 방식을 두고 의견이 엇갈리는 가운데, 당시 야당 소속이던 포항시 북구 출신의 김정재 국회의원은 포항지진에 관한 진상조사와 피해구제를 각각 별도의 특별법으로 규율하는 두 개의 법안을 발의했다. 세월호 사건에 관한 선행 입법 사례를 적극적으로 참조한 이 두 개의 법안은 피해자인 포항시민들의 지역구 출신 의원이 발의한 점에서 입법과정에 대한 주도권을 선점한 효과가 있었다. 이후 2019년 연말까지 이어졌던 소위 '포항지진특별법'의 입법 과정에서 김정재 의원의 이 두 법안은, 정부의 관점을 반영했던 당시 여당 소속의 대구 출신 홍의락 의원의 단일 법안 및 전면적인 도시재건을 희망하는 포항시의 입장을 포괄적으로 수용했던 하태경 의원의 제3안과 경쟁했다.

　이러한 관점에서 다시 살펴보면, 김민정 시의원의 질문과 이에 대한 포항시 지진대책국장의 답변에서는 일단 두 가지 차원에서 입법의 주도권에 관한 긴장 관계를 발견할 수 있다. 첫째는 포항시와 국회의원 사이의 긴장 관계로서, 이는 이를테면 행정 권력과 입법 권력의 주도권 다툼으로도 볼 수 있다. 이 점에 관하여 김민정 시의원은 포항시 주최의 포럼은 (정부나 여당의 관점이 담긴 다른 법안이 아니라) 포항시 북구 출신의 김정재 국회의원이 발의한 두 법안을 중심으로 진행되어야 한다고 강조하면서 자신의 정치적 입장을 선명하게 확인하고 있다. 둘째는 입법의 내용에 관한 긴장 관계로서, 이는 국가의 직접적인 손해배상책임 문제와 관련하여 김정재 법안에 대한 공봉학 변호사의 발제 내용을 중심으로 논의되고 있다. 핵심은 특별법 자체에서 국가의 직접적인 손해배상책임을 확정적으로 규정할 것인지 아니면 국가의 우선적인 배상금 지급의무 및 불법행위자에 대한 국가의 대위청구권을 인정하여 간접적으로 규정할 것인지의 문제이다. 김정재 법안은 이 가운데 후자를 선택했으나, 이에 대하여 공봉학 변호사는 포항지진이 촉발 지진임을 정부조사단이 공표했으므로 국회는 이를 입법으로 확인한 뒤 전자로 나가야 한다고 비판했던 셈이다.

　이러한 두 가지 긴장 관계는 이 글의 관점에서 더욱 결정적이라고 볼 수 있는 제3의 긴장 관계를 암시하고 있다. 사실 공봉학 변호사의 비판은 소위 사회적 재난에 대한 국가의 손해배상책임을 입법으로 직접 인정하라는 주장에 맞닿아 있는 것으로 대단히 이례적인 특별입법을 요구하는 것이나 다름없다. 하지만 김정재 법안이나 다른 법안들, 그리고 결국 2019년 말에 최종적으로 입법된 '포항지진피해구제법'은 그러한 요구를 받아들이지 않았고, 법률과 대통령령으로 시기 및 범위를 정하여 진상조사, 피해구제 등을 진행한 뒤, 정신적 피해구제 등 특별법이 포괄하지 않은 사항에 관해서는 사법과정에 맡기는 접근방식을 선택했다.[64] 이 점을 염두에 둔다면, 공봉학 변호사의 비판에 담긴 더욱 근원적인 차원을 추론하는 것도 불가능하지 않다. 포항지진에 관한 진상조사 및 피해구제에서 입법적 대의과정은 불완전할 수밖에 없으며, 그 간격은 궁극적으로 사법적 대의과정을 통해 메워져야 한다는 주장 말이다. 이는 공봉학 변호사가 2019년 3월 28일 서울에서 내려온 법무법인들과 별도로 공동소송단을 구성하여 국가 및 해당 기업을 상대로 집단적 손해배상청구소송

64　홍성민·이국운, 앞의 보고서(2022), 110-3면 참조

을 제기하겠다고 공표했던 포항지역 변호사 9인의 대표였던 점에서도 잘 드러나고 있다.

지역사회의 현안에 관한 법적 해결책을 모색하기 위하여 입법적 대의과정과 사법적 대의과정을 함께 추구하고, 양자 사이에 유효한 경쟁 관계를 수립하는 것은 자유민주주의 정치구조에서 매우 자연스러운 일이 아닐 수 없다. 그러나 입법권과 사법권을 주권국가의 입법부와 사법부에 독점적으로 부여해 온 대한민국의 헌법 구조 아래서 그와 같은 경쟁 관계는 오로지 국가적 현안에 관해서만 드물게 형성되어 왔다. 예를 들어, 특히 권위주의 시대의 국가 폭력에 대한 과거청산 문제와 관련하여 국회에서 일련의 특별법을 입법하고, 법원에서 일련의 재심 판결을 선고한 사례가 대표적이다. 그러나 지역사회의 현안에 관해서는 이와 유사한 사례를 찾기 어렵다. 이 또한 주권국가 유일주의로 점철된 대한민국 지방자치의 현주소를 상징적으로 보여 주는 일일 것이다.

이러한 맥락에서 나는 포항지진이 촉발 지진으로 밝혀진 이후 이른바 포항지진 특별법이 입법되기까지, 포항 사회의 정치인들과 법률가들이 그동안 가질 수 없었던 매우 독특하고도 특권적인 지위를 구가할 수 있었음을 주목하고 싶다. 포항지진이 촉발 지진으로 밝혀진 다음부터 포항 사회는 누구도 부인할 수 없는 피해자적 지위를 확보함으로써 이 문제에 대한 국가적 차원의 입법적, 사법적 해결에 관하여 일종의 독점적인 주도권을 확보할 수 있었다. 입법도 사법도 국가적 차원에서 벌어져야 하는 것은 명백했지만, 포항 사회의 구성원들은 국가가 귀책사유를 져야 할 사회적 재난의 피해자들로서 어떤 범위에서 어떤 방법으로 어떤 법적 책임을 추궁해야 할 것인지에 관하여 적어도 우선적인 발언권 또는 최종적인 동의권을 국가적 차원에서 독점적으로 행사할 수 있었기 때문이다. 이와 같은 관점에서 포항지진 특별법과 그 이후의 집단적 손해배상소송과정은 포항 사회에 국가적 차원의 입법적 대의과정과 사법적 대의과정을 통해 지역 사회의 현안 해결이 경쟁적으로 추진되는 매우 이례적인 광경을 만들어냈다고 말할 수 있다.

이와 같은 법적 대의과정의 일시적 강화, 특히 포항지진에 관련하여 포항 사회에서 사법적 대의과정이 매우 강화된 배후에는 앞에서 보았듯이 지난 20년 동안 벌어진 변호사집단과 법학교수집단의 변화가 존재한다. 변호사집단에 관해서는 상대적으로 젊은 변호사들, 여성 변호사들이 많아졌고, 판검사를 거친 변호사들보다 변호사의 직업적 정체성에 충실한 변호사들이 확실한 주류가 된 것이나 의뢰인에게 더 가까이 가려는 목적으로 개업 장소 및 개업 형태가 다양해진 것, 법학전문대학원 체제의 출범 이후 출신학교 배경이 매우 다양해진 것 등을 들 수 있다. 법학교수집단에 관해서는 한동대학교의 독특한 법학교육실험의 결과 한국법은 물론 미국법과 국제법을 강의하고 연구하는 독특한 글로벌 법학 인프라가 조성된 것이 대표적이다.

변호사집단과 법학교수집단의 이와 같은 변화가 포항지진과 관련된 법률가의 공익적 사회참여의 토대가 된 것은 명백하다. 변호사집단과 법학교수집단은 포항시민들의 집단소송제기, 특별법 입법 주장, 입법과정 감시 및 의견 제시, 진상조사 결과평가, 제도적 개선책 마련 등 일련의 과정에 대거 참여하여 의미 있는 기여를 남겼고, 앞에서 보았듯이 이 과정에서 입법적-정치적 대의과정을 이끄는 지역 정치인들이나 행정가들과 암암리에 일정한 경쟁 관계를 형성하기까지 했기 때문이다. 그러나 이와 같은 상황이 포항지진이라는 특수한 사태에 국한될 것인지, 아니면 앞으로도 다양한 방식으로 전개될 수 있을지는 예단하기 어렵다.

다만, 한 가지 비교적 확신을 담아 말할 수 있는 것은 이상에서 살핀 바와 같은 포항의 법률가집단 내부의 변화가 그 배후에 포항 사회의 일반 시민들, 나아가 한국 사회의 구성원들 전체가 보여주는 법의식의 변화를 전제하고 있다는 점이다. 2018년 이후에 포항 사회에서 법률가집단이 사법적 대의과정에 이전에 볼 수 없었던 적극성을 가지고 참여했던 것은 법을 자신들의 이익을 실현하는 수단으로 전제하고, 그 방법으로서 불공정한 분배 결과를 조정하는 법적 수단을 강구하는 일반 시민들의 변화를 핵심적인 원인으로 꼽아야 할 것이기 때문이다.

여기에 더하여 사법시험 합격자의 증가 및 법학전문대학원-변호사시험체제의 출범으로 법률가집단 내부의 경쟁이 강화된 것 역시 사법적 대의의 활성화를 배태한 또 다른 원인으로 지목할만하다. 앞서 지적했듯이, 포항의 법률가들, 특히 변호사들에게 사법적 대의의 강화는 자신들의 생존 근거라고 할 수 있는 포항의 법률서비스 시장을 수도권의 법무법인들이 집단소송을 고리로 침탈하는 시도로부터 방어하려는 적극적인 방편이기도 하기 때문이다.

VII

사법 자치는
불가능한 목표인가?

1999년 2월 말 한동대학교 법학부에 교수로 부임한 이래 나는 지난 25년간 이 글이 스케치하고자 했던 포항의 법률가 가운데 한 사람으로 살아왔다. 한국의 법률가집단을 가장 중요한 연구 대상으로 삼는 법사회학자이자 민주공화국의 이념을 구체화하려는 헌법학자로서 나는 실천적 차원에서 대한민국 사법체제의 개혁을 위한 담론이나 제도개혁과정에 적극적으로 참여해 오기도 했다. 이 점에서 2003년과 2023년의 두 차례에 걸쳐 시도했던 포항의 법률가에 관한 법사회학적 지역연구는 사실 관찰 대상의 일부로서 나 자신의 위치를 되돌아보는 작업이기도 했다. 동시에 이는 전형적인 외지 출신 지식인인 내가 포항 사회에 동화되어가는 계기이자 과정이었으며, 그 결과로서 나 자신이 발견하고 선택했던 정치적 실천의 방향이기도 했다.

　돌이켜 보면, 포항에서의 삶이 해를 거듭하면서 나는 점점 국가적인 차원에서만 법률가 현상을 바라보던 한국 사회의 주류적인 관점 자체에 대하여 심각한 결핍을 느끼기 시작했었다. 사법개혁논의가 여전히 답보상태에 머무르게 된 것도 그렇지만, 근본적으로는 내가 천착하는 학문적 주제가 나를 구성하는 삶의 의미 세계와 철저하게 분리되어 있다는 사실이 더없이 불편했었기 때문이다. 국가적인 사법개혁논의와 포항에서의 일상, 이 둘 사이의 철저한 분리는 한 사람의 비판적 지식인으로서 나의 실존에 대한 근본적인 문제 제기일 수도 있었다. 콘텍스트(context)를 잃은 창백한 분석이란 적어도 내가 지향하는 법사회학이나 헌법학의 모습은 아니었기 때문이다.

포항이라는 삶의 공간을 저버리지 않는 이상, 이런 종류의 문제 제기는 오로지 포항 사회라는 생활세계를 학문적 관심으로 포괄하는 방식으로만 극복될 수 있었다. 그리고 그것은 내게 포항 사회를 구성하는 지식인이자 법률가집단의 일원으로서 고유한 자리와 목소리를 찾아가는 과정이기도 했다.

어렵사리 쉽지 않은 작업을 마치면서, 이제 나는 미래를 향하여 한국 사회의 구성원들, 특히 각 지역의 법률가들이 함께 고민해 보았으면 하는 한 가지 질문을 제시하고 마지막으로 이에 대한 내 나름의 간략한 답변을 제시하고자 한다. 그 질문은 바로 "사법 자치는 불가능한 목표인가?"이다. 일단 자치권의 본질에 관한 논의부터 숙고해 보자.

개념 정의상 자치권은 자치입법권-자치사법권-자치행정권을 모두 아우르는 개념이다. 현행 헌법이 집중하고 있는 주권국가 차원과 비교하자면, 그 위상은 입법권-사법권-행정권을 모두 아우르는 통치권에 비견될 수 있다. 현행 헌법은 이 두 개념을 전혀 언급하지 않고 있으나, 법개념의 체계성에 비추어 그 존재를 부인하기는 대단히 어렵다. 헌법은 대한민국의 주권이 국민에게 있으며, 모든 권력은 국민으로부터 나온다고 선언한다(제1조 제2항). 따라서 현행 헌법의 해석상 자치권이-통치권과 마찬가지로-국민으로부터 나오며, 법체계상 대한민국의 주권보다 하위에 있음은 명백하다. 다만, 이때 자치권이 국민으로부터 나오는 방식이 무엇이냐, 특히 통치권과 어떤 관계에 놓이느냐를 두고는 해석상의 차이가 크다.

이 쟁점에 관하여 종래 국내 학계에는 '단체 자치냐? 주민 자치냐?'를 두고 오랜 논쟁이 벌어져 왔다. 자치권을 전래권으로 보느냐 고유권으로 보느냐의 문제이다. 이 논쟁은 '지방자치단체의 헌법적 성격'이나 '지역 주권의 인정 여부', 심지어 헌법 개정 논의에서 지방자치단체를 지방정부로 바꾸어 부르는 문제 등에 이르기까지 지방자치(법)학 전반에 심대한 영향을 끼치고 있다. 이 글이 주목하는 바는 이러한 논쟁이, 세계관적 대립 차원과 별개로, 과연 현행 헌법 텍스트에 대한 꼼꼼하고도 정연한 해석에 기초하고 있는가 하는 의문이다. 실정법 해석학은 실정법의 조문에 표현된 권력의 욕망에 맹종한다는 비판법학의 탄핵에도 불구하고, 치열한 세계관적 대립을 현실의 문제 상황에 조화시키기 위한 '해석'이라는 방법을 가지고 있다. 여기서는 자치입법권과 자치사법권을 초점으로 실정법 해석학의 이 장점을 현행 헌법 텍스트 해석에 적용함으로써, 그와 같은 의문을 다소나마 해소해 보려고 한다.

오늘날 국내 학계에서 자치권의 본질에 관한 교과서적 논의는 대체로 우회 논법이다. 헌법이나 지방자치법 교과서들은 주민 자치와 단체 자치의 의미와 지향을 각각의 연원에 비추어 해설한 뒤, 현행 헌법의 지방자치제도가 두 가지 측면을 모두 내포하고 있음을 인정한다. '모든 권력은 국민으로부터 나온다'는 표현에서 풀뿌리 민주정치의 지향을 발견하고, 지방자치'단체'라는 명칭에서 자치권의 행사 주체를 확인하는 식이다. 이에 따르면 자치권은 고유권과 전래권의 성격을 동시에 갖는다. 하지만 양자가 구체적으로 어떻게 연결되는지에 관한 헌법해석론은 제시되지 않는다.

이러한 양수겸장의 논리는 핵심 쟁점에 오면 별다른 실효를 거두기 어렵다. 예를 들어, 통치권과 자치권의 관계 문제에 관해서는 통치권에서 자치권이 직접 나오는지, 아니면 통치권에서 입법권-사법권-행정권이 나오고, 이로부터 다시 자치권이 나오는지 선택하지 않으면, 헌법해석의 일관된 논리를 세우기가 곤란하다. 그래서인지, 바로 이 대목에 이르러 교과서들은 대체로 후자의 방향, 즉 통치권에서 입법권-사법권-행정권이 나오고,

이 가운데 특히 입법권으로부터 다시 자치권이 나온다는 논리 쪽으로 은근슬쩍 입장을 정하고, 해석론을 전개하기 시작한다. 그러면, 주민 자치, 즉 고유권설의 운명은 입법권자의 선택 문제로 낙착되고 만다. 여기서부터 예컨대, 철저하게 단체 자치의 관점에서, 주민이 직접 선출하는 자치의회인 지방의회마저 고집스럽게 '지방자치단체의 의회'로 해석하는 관점까지는 거리가 그리 멀지 않다.

교과서적 논의가 이처럼 주권 → 통치권 → 입법권 → 자치권의 논리에 기울어지는 이유는 몇 가지로 추적할 수 있다. 첫째, 헌법이 추상적 개념으로서 지방자치단체라는 법적 용어를 사용하고 있을 뿐, 경상북도나 서울시와 같은 고유명사나 심지어 '도'나 '시'와 같은 일반명사도 사용하지 않고 있기 때문이다. 만약 해방공간에서 헌법의 영토조항을 규정하기 위해 논의되었던 여러 가지 대안들 가운데 하나처럼 헌법이 한반도 내의 13개 도를 일일이 언급했거나, 최소한 '도'라는 자치 단위를 규정하기만 했더라도, 헌법해석의 방향은 전혀 달라졌을 것이다. 둘째, 지방자치단체의 종류, 조직과 운영에 관한 사항은 법률로 정한다는 헌법의 규정들 때문이다(헌법 제119조 제2항, 제118조 제2항 후단). 주권-통치권-자치권의 관계 문제를 헌법이론의 차원에서 먼저 정리하지 않으면, 이 조항들은 마치 현행 헌법이 지방자치단체의 모든 것을 입법권에 위임한 것처럼 해석될 가능성이 크다. 셋째, 헌법이 사용하는 지방자치'단체'라는 법적 용어 그 자체의 효과 때문이다. 법적 용어로서 '단체'는 근거법에 따라 법인격을 승인받아야만 합법적으로 존립할 수 있다는 뉘앙스를 강하게 풍기지 않는가? 넷째, 종래 지방자치법을 비롯한 관련 입법들이 예외 없이 각 지방자치단체의 명칭과 구역을 법률로 직접 정하면서, 자치입법권을 극도로 제한하고 자치사법권은 완전히 부정하면서도, 자치행정권은 법령을 통해 필요에 따라 확대하는 등 매우 변칙적인 태도를 보여 왔기 때문이다. 이는 현재의 교과서적 논의가 헌법 텍스트 자체에 대한 엄밀한 해석에 토대를 두었다기보다는 오히려 관련 입법의 실제 현실을 사후적으로 헌법해석에 반영한 측면이 크다는 점을 의미한다.

그러나 이와 같은 이유는 어디까지나 현재의 해석 상황에 대한 설명일 뿐이며, 어떤 경우에도 주권 → 통치권 → 입법권 → 자치권의 논리를 정당화하는 근거가 될 수 없다. 헌법 텍스트는 오히려 자치권이 입법권, 사법권, 행정권과 마찬가지로 통치권으로부터 직접 나온다는 해석을 더욱 지지한다. 무엇보다 현행 헌법이 제8장 '지방자치'를 통하여 국가 차원과 구분되는 지방 차원의 자치를 직접 창설하고 있기 때문이다. 게다가 현행 헌법은 과거와 달리 부칙 등에서 지방자치에 관한 유보조항을 두지 않고 있다. 따라서 헌법상 자치권은 입법권, 사법권, 행정권과 마찬가지로 통치권으로부터 직접 나온다고 보아야 하며, 예컨대, 입법권이나 사법권을 통해 지방자치제도를 무력화하는 조치는 당연히 헌법 위반이 된다. 헌법상 권력의 위계는 주권 → 통치권 → 입법권·사법권·행정권·자치권의 순서로 일단 정돈할 수 있다.

이러한 헌법해석은 곧바로 두 가지 추가적인 해석 과제를 배태한다. 하나는 입법권-사법권-행정권-자치권의 수평적인 관계 문제로서 통치 권력의 상호관계 문제이며, 다른 하나는 주권-통치권-자치권의 수직적인 관계 문제로서 결국 자치권의 내용적 범위 문제에 귀결한다. 헌법 제8장을 구성하는 간략한 두 조문은 일단 이 두 과제에 대하여 헌법이 직접 마련한 해석적 지침으로 이해할 수 있다. 하지만 그 의미를 명확하게 하려면 헌법 텍스트 전체에 대한 체계적인 재음미가 수반되어야 한다.

위의 두 가지 해석 과제 가운데, 입법권, 사법권, 행정권, 자치권의 수평적 관계를 풀어가는 헌법의 방식은 입법권에 집중되어 있다. 헌법은 제8장에서 지방자치의 구체적인 제도를 형성할 수 있는 권한과 책무를 입법권을 가진 국회에 부여하기 때문이다. 이는 헌법이 사법권을 법관으로 구성된 법원에, 행정권을 대통령이 수반이 되는 정부에 속한다고 선언하면서도, 그 구체적인 조직과 운영에 관한 사항을 국회의 입법에 맡긴 것과 마찬가지 태도이다. 다만, 국회가 법원, 정부, 헌법재판소, 그리고 지방자치제도에 관한 법률을 입법하더라도 권력분립의 원칙상 그 집행이나 해석까지 스스로 담당할 수는 없다. 그러므로 지방자치에 관한 국회의 입법형성권은 그 입법에 관련한 정부의 집행권과 법원의 사법권, 그리고 지방자치단체의 자치권, 즉 자치입법권과 자치사법권과 자치집행권을 전제하는 것으로 보아야 한다.

현행 헌법은 입법부의 이와 같은 일반적인 입법형성권을 인정하면서도, 헌법 스스로 이를 제한하는 여러 가지 제도적 한계를 설정하고 있다. 기실 헌법 제3장에서 제8장에 이르는 통치구조 설계의 핵심은 바로 이 문제, 즉 권력 배분에 관한 헌법유보에 놓여 있으며, 국민의 기본권 제한과 직접 연결되지 않는 권력분립 원칙상의 해석적 논점들 또한 대부분 같은 문제로 연결된다. 종래 국내 학계는 이른바 '제도보장론'의 관점에서 헌법 제8장 지방자치의 경우 헌법이 지방자치에 관한 헌법유보사항을 최소화한 뒤, 기본적인 제도적 골격 안에서 국회에 광범위한 입법재량권을 부여하고 있다고 해석해 왔다. 그러나 주권, 통치권, 자치권의 관계 문제를 잠시 제쳐 두더라도, 헌법 제8장이 규정한 헌법유보사항들은 지방자치의 제도적 골격이라는 차원을 넘어 국회의 입법형성권에 중대한 한계를 규정하고 있다. 이 점을 나누어 살펴보자.

제8장 지방자치

제117조 ①지방자치단체는 주민의 복리에 관한 사무를 처리하고 재산을 관리하며, 법령의 범위 안에서 자치에 관한 규정을 제정할 수 있다.
②지방자치단체의 종류는 법률로 정한다.

제118조 ①지방자치단체에 의회를 둔다.
②지방의회의 조직·권한·의원선거와 지방자치단체의 장의 선임 방법 기타 지방자치단체의 조직과 운영에 관한 사항은 법률로 정한다.

첫째, 앞서 말한 대로 '지방자치 자체'의 헌법적 보장이다. 국회는 입법으로 지방자치의 차원 자체를 폐지할 수 없다. 현행 헌법이 지방자치단체의 종류, 조직과 운영에 관한 사항을 법률로

정하도록 했다고 해서, 가령 지방자치단체의 일괄적인 해산을 통한 지방자치제도의 폐지까지도 입법적으로 가능하다고 해석해서는 안 된다. 그러한 입법은 당연히 위헌무효이다.

둘째, 지방자치단체를 통한 지방자치의 제도화이다. 지방자치의 전제인 자치권의 본질은 지역적 정주성을 가진 주권자 국민의 존재에서 비롯된다. 하지만 현행 헌법은 자치권의 제도화를 국회가 법률로 설립하는 지방자치단체를 통해서 이루도록 제한하고 있다. 바로 이 대목에서 현행 헌법은 주민 자치의 이념을 단체 자치의 형식으로 축소한다는 비판에서 자유롭기 어렵다.

셋째, 이른바 '자치사무'에 대한 헌법적 보장이다. 헌법은 지방자치단체에 '주민의 복리에 관한 사무를 처리하고 재산을 관리'하는 권한과 의무를 부여한다. 따라서 국회가 지방자치에 관한 입법형성권을 행사하면서 헌법이 정한 '자치사무'를 없애거나 그 범위를 무시하거나 침범한다면, 이는 당연히 헌법 위반이 된다. 다만, 이때의 자치사무는 어디까지나 지방자치단체의 사무이며, 주민 자치, 즉 지역적 정주성을 가진 주권자 국민의 자치 그 자체와는 개념상 구분된다. 범위로 보면, 전자는 후자보다 좁을 수밖에 없다.

넷째, 지방자치단체의 자치입법권에 대한 헌법적 보장이다. 헌법은 '법령의 범위' 안에서 지방자치단체가 자치에 관한 규정을 '제정'할 수 있다고 선언함으로써 지방자치단체의 고유한 입법권을 직접 보장한다. 앞서 말했듯이, 지방자치단체의 자치입법권은 자치사무의 범위를 넘어, 주민 자치 일반에 미친다. 여기서 주의할 것은 자치입법권의 한계로 헌법이 규정한 '법령의 범위'의 의미이다. 이는 법령의 입법권을 가진 국회와 정부의 자유재량으로 이해되어서는 안 된다. 오히려 지방자치단체의 자치입법권을 충실하게 보장하기 위한 국회와 정부의 입법위임의무에 초점을 맞추어 해석해야 한다.

다섯째, 지방자치단체의 종류에 대한 법정주의이다. 앞서 말한 지방자치 자체의 헌법적 보장, 그리고 지역적 정주를 핵심 징표로 삼는 주민 개념의 본질에 비추어 여기에는 국가적 통치의 차원과 구분되는 주민의 자치라는 차원이 전제되어 있다. 따라서 지방자치단체의 종류에 대한 법정주의는 일단 이 후자의 차원을 지방자치단체의 자치권으로 담아내야 하는 헌법적 당위를 내용으로 할 수밖에 없다. 구체적으로 지방자치단체를 하나의 차원으로 통일할지, 여러 차원으로 나눌지, 나아가 특별한 기능과 권한을 가진 지방자치단체를 인정할지는 국회가 법률로 정할 문제지만, 이와 같은 헌법적 당위를 도외시해서는 안 된다. 요컨대 지방자치단체의 종류에 대한 법정주의는 '지방자치 자체'의 헌법적 보장을 전제한다.

여섯째, 지방의회의 헌법적 필수기관화이다. 이는 국가 차원에서 국민의 보통·평등·직접·비밀 선거에 의하여 선출된 국회의원으로 구성된 국회가 가장 중요한 통치기관이 되듯이 지방자치 차원에서도 지방의회가 유사한 기능을 수행하도록 하려는 것이며, 헌법 원리로서 의회주의를 관철하려는 규정이다. 따라서 지방의회를 폐지하는 법률은 당연히 헌법 위반이다.

일곱째, 지방의회의 조직·권한·의원선거와 지방자치단체의 조직과 운영에 관한 사항의 법정주의이다. 다만, 앞서 말했듯이 이 규정을 해당 입법사항에 대하여 국회가 자유재량을 가진 것으로 해석해서는 곤란하며, 적어도 위의 여섯 가지 헌법유보사항들을 위반하지 않는 입법이 이루어져야 한다. 가령 지방자치단체의 자치사무를 없애거나 자치입법권의 범위를 무시하거나 침범하는 방식으로 지방의회의 권한을 제한하거나 지방자치단체의 조직을 축소하는 법률은 당연히 헌법 위반이다.

그러므로 현행 헌법상 지방자치에 관한 국회의 일반적인 입법형성권은 오로지 이상과 같은 헌법유보사항들을 위반하지 않는 범위에서만 인정할 수 있다. 이를 뒤집어 말하면, 헌법 제8장이 규정한 자치사무의 집행권과 자치입법권, 즉 '주민의 복리에 관한 사무를 처리하고 재산을 관리하며, 법령의 범위 안에서 자치에 관한 규정을 제정할 수 있는 권한'은 국회의 입법이 아니라 헌법 제117조 제1항으로부터 직접 도출된다는 의미이다.

물론 헌법 제117조 제2항과 제118조 제2항은 지방자치단체의 종류 및 지방의회의 조직·권한·의원선거와 지방자치단체의 조직과 운영에 관한 사항을 법률로 정하도록 하고 있으므로, 실제 자치사무의 집행권 및 자치입법권의 범위는 사후적으로 확인되는 경우가 태반이다. 일단 국회가 지방자치법 등 관계 법률을 통해 자치사무의 집행권 및 자치입법권의 범위를 정하고, 이에 대하여 지방자치단체가 헌법이 보장한 자치권의 침해를 이유로 위헌법률심판이나 권한쟁의심판을 제기할 경우, 결국 헌법재판소가 헌법해석을 통해 이를 심사하여 확정하게 되기 때문이다. 그러나 이는 어디까지나 실제의 전개과정일 뿐, 헌법 해석론으로는 구체적인 사안에서 해당 법률에 대한 사법심사에 들어가기 전에 헌법 제8장의 지방자치에 관한 헌법유보사항들의 구체적인 의미를 먼저 전제하지 않으면 안 된다. 이 점은 헌법재판소의 헌법해석 결과가 그 이후의 국회 입법에 심대한 영향을 끼치는 사실에서도 잘 드러난다.

입법적 헌법해석과 사법적 헌법해석의 이와 같은 순환과정은 헌법상 국민의 기본적 권리와 의무의 구체적인 범위나 입법권-사법권-행정권의 구체적인 관계를 제도화하는 실질적인 과정이다. 따라서 헌법이 보장하는 자치권의 구체적인 범위를 제도화하기 위해서도 이 순환과정을 활용하는 것은 매우 당연하다. 그렇다면, 기본권이나 통치구조의 다른 문제들에 비하여 헌법상 자치권의 문제에 관해서 아직 입법적 헌법해석과 사법적 헌법해석의 순환과정이 제대로 활용되지 못하는 까닭은 무엇일까? 위에서 언급했듯이 그 이유는 종래 국내 학계의 헌법해석이 만연히 주권 → 통치권 → 입법권 → 자치권의 논리를 추종해 왔기 때문이다. 이 글의 주장처럼 헌법상 권력의 위계를 주권 → 통치권 → 입법권·사법권·행정권·자치권의 순서로 정돈한 뒤, 그에 따르는 추가적인 해석 과제들을 헌법 텍스트를 중심으로 해명한다면, 작금의 해석적 불균형 상태를 교정할 계기를 만들 수도 있을 것이다.

지방자치에 관한 헌법해석에 있어서 이와 같은 해석적 불균형 상태를 보여주는 가장 역력한 증거는 자치사법권에 대한 철저한 무관심이다. 위에서 논증한 대로 현행 헌법이 지방자치단체의 자치사무와 자치입법권을 직접 보장하면서, 국회에 일정한 헌법유보사항들의 준수를 조건으로 자치사무와 자치입법권의 구체적인 내용에 관한 입법형성권을 부여한 것이라면, 자치사무와 관련된 사법적 분쟁의 해결 권한 및 이를 위한 자치입법의 해석 권한, 즉 자치사법권은 헌법이 보장하는 자치권의 내용으로서 당연히 보장되어야 한다. 그러나 현재 지방자치법이나 법원조직법 등 관련 법률들은 사법, 즉 재판사무를 국가 사무로 규정할 뿐, 자치사법권에 관해서는 철저한 무관심으로 일관하고 있다. 따라서 자치사무와 관련된 사법적 분쟁의 해결 권한 및 이를 위한 자치입법의 해석 권한은 사실상 국가 사법의 바깥에서 마치 사법적 문제가 아닌 것처럼 취급되고 있을 따름이다. 하지만 예컨대 인구 1400만을 넘는 지방자치단체의 자치의회가 제정한 자치규정, 즉 조례에 대한 해석이 사법적 분쟁의 초점이 되었을 때, 이에 관하여 해당 지방자치단체의 자치법원은 존재하지 않고, 결과적으로 국가 법원의 해석에 전적으로 의존할 수밖에 없다면, 이는 자치권에 대한 심대한 훼손이라고 말할 수밖에 없다.

이러한 맥락에서 헌법 제117조 제1항이 자치사무 및 자치입법권을 보장하면서, 그 구체적인 범위를 국회의 입법형성권에 맡긴 것은 그 입법의 범위 내에서 자치사법권을 함께 보장한 것이라고 해석해야 한다. 다만, 입법권이나 행정권과 달리 사법권에 대해서는 헌법이 별도의 헌법유보사항을 헌법 텍스트의 이곳저곳에 규정하고 있으므로, 자치사법권의 구체화 과정에서 그 각각을 준수해야 함은 당연한 요청이다. 예를 들어, 헌법과 법률이 정한 법관에 의하여 재판을 받을 국민의 기본권(제27조 제1항)을 보장하기 위해서는 헌법 제5장에 규정된 법관의 자격, 독립, 신분보장 등을 준수해야 하고, 법률에 의한 재판을 받을 국민의 기본권(같은 조항)을 보장하기 위해서는 무엇보다 법률의 해석권을 가진 국가 법원에 상소를 제기할 수 있는 권리를 필수적으로 제도화해야 한다. 현행 헌법상 현실적인 대안으로는 국회의 입법을 통하여 각급 법원 중 하나로 자치사무와 관련된 사법적 분쟁의 해결 권한 및 이를 위한 자치입법의 해석 권한을 가지는 자치법원을 조직하거나 각급 법원 중 하나에 자치법원의 기능과 권한을 부여하면서, 상소 제기권의 보장을 통해 대법원을 정점으로 하는 현재의 국가 법원 체제에 통합하는 것을 생각할 수 있을 것이다.

자치사법권의 문제는 아니지만, 연결된 문제로서 자치입법에 관련한 규범 통제도 중요한 해석 과제이다. 현행 헌법은 자치입법권을 법령의 범위 안으로 제한하고 있으므로 논리적으로 자치입법이 법령의 범위를 넘어섰는지, 즉 헌법이 보장하는 자치입법권의 한계를 벗어났는지를 판단해야 하는 문제가 발생하기 때문이다. 이 점에 관하여 종래의 헌법해석은 이를 명령, 규칙, 또는 처분이 헌법이나 법률에 위반되는 여부가 재판의 전제가 된 경우로 보아 대법원의 최종적인 심사권을 인정해 왔다(헌법 제

107조 제2항). 그러나 헌법 텍스트에 명문으로 규정되지 않은 자치입법을 오로지 해석으로 명령, 규칙, 또는 처분에 포함하는 것은 무리이며, 자치권을 입법권이 아니라 통치권으로부터 직접 도출하는 헌법해석에서는 이를 받아들이기 어렵다. 이러한 관점에서 헌법 제107조 제2항은 헌법의 규정대로 명령, 규칙, 또는 처분이 헌법이나 법률에 위반되는 여부에 대한 대법원의 최종적인 심사권으로 이해하고, 자치입법이 법령의 범위를 벗어났는지의 문제는 법률 또는 명령이 헌법이 보장하는 자치입법권을 침해했는지의 문제와 함께 헌법재판소의 위헌법률심판이나 권한쟁의심판을 통해 해결해야 할 것이다.

이상에서 살핀 바와 같이 현행 헌법은 입법권-사법권-행정권-자치권의 수평적인 관계에 관하여 비교적 체계적인 규정을 제시하고 있다. 단지 자치사법권만이 공백처럼 남아 있을 뿐이다. 이에 비하여 결국 자치권의 내용적 범위 문제에 귀결되는 주권-통치권-자치권의 수직적인 관계 문제에 관해서는 헌법 텍스트 안에서 해석적 실마리를 찾기가 대단히 어렵다. 이를 위해서는 헌법 텍스트 전체에 대한 체계적인 재음미가 불가피하다.

주지하듯 헌법은 제1조 제2항에서 '대한민국의 주권은 국민에게 있고, 모든 권력은 국민으로부터 나온다'고 선언한다. 이 선언에서 출발하여 이 글은 이미 헌법상 권력의 위계를 주권 → 통치권 → 입법권·사법권·행정권·자치권의 순서로 정돈한 바 있다. 그러나 이와 같은 위계가 곧바로 각각의 헌법상 권력이 주권자 국민으로부터 어떻게 나오는지, 달리 말해, 주권자 국민이 각각의 헌법상 권력을 어떻게 구성하는지를 규정하는 것은 아니다.

흥미롭게도 헌법 텍스트는 헌법상 권력의 구성방식을 다양하게 설정하여, 이 점을 제도화하고 있다. 입법권은 국민의 선거로 선출된 국회의원으로 국회를 구성하여 행사하고, 행정권은 국민의 선거로 선출된 대통령이 헌법과 법률에 따라 공무원을 임면하여 조직한 정부를 통해 행사하며, 사법권은 헌법과 법률에 따라 법관을 임용한 뒤 이들로 법원을 조직하여 행사한다. 인적 측면을 중심으로 설명하면, 입법권은 정당과 정치인 집단을 통하여, 행정권은 선출직 공무원과 임명직 공무원으로 이루어진 공무원 집단을 통하여, 사법권은 법관과 법률가집단을 통하여 구성하고 행사한다는 의미이다.

헌법 제1조 제2항은 주권의 소재와 통치 권력의 연원만이 아니라 민주공화국의 통치과정에 대한 주권자 국민의 역동적 참여라는 관점에서도 해석해야 하므로, 이 방식들은 주권자 국민이 통치과정에 참여하는 다양한 형태로 이해할 수 있을 것이다.

그렇다면 헌법상 지방자치에 관하여 자치권의 연원이자 주권자 국민의 참여 방식을 나타내는 결정적인 단서는 무엇일까? 그것은 헌법 제8장이 제시하는 '헌법상 주민 개념'이다. 대한민국의 주권자인 '우리 대한국민'은 헌법을 통해 대한민국이라는 민주공화국을 출범시킬 것을 선언한 사람들이며 이들은 법률이 정한 요건에 따라 '대한민국의 국민'이 된다(헌법 제2조 제1항). 지방자치에 관하여 헌법은 주권자인 국민이 실존적인 차원에서 대개 특정한 공간에 정주하는 모습으로 나타나는 점을 주목한다. 이와 같은 지역적 정주성에다가 '대한민국의 주권은 국민에게 있고, 모든 권력은 국민으로부터 나온다.'는 국민주권의 역동성을 결합하여 헌법 제8장이 구체화하는 개념이 바로 '헌법상 주민 개념'이다.

주지하듯, 현행 지방자치법 제12조는 "지방자치단체의 구역 안에 주소를 가진 자는 그 지방자치단체의 주민이 된다."고 규정하여, 지방자치단체의 구역 안에 주소를 가진 자를 지방자치단체의 주민으로 정의하며, 여기에 '대한민국의 국민 여부'가 문제 되지 않음은 명백하다. 그러나 문제는 이와 같은 '지방자치법상 주민 개념'을 해석하기 위해서는 헌법의 해석 논리상 헌법 제8장이 제시하는 '헌법상 주민 개념'을 전제하지 않으면 안 된다는 점이다. 헌법 제1조 제2항의 선언대로 "대한민국의 주권은 국민에게 있고, 모든 권력은 국민으로부터 나"오고, 지방자치단체의 자치권이 주권 → 통치권 → 자치권의 계통으로 헌법에서 직접 도출된다면, '헌법상 주민'은 당연히 지역적 정주를 기초로 실질적인 삶의 공간에서 민주적인 자치를 통해 국민주권을 실현하는 역동적인 개념으로 이해해야 한다. 이처럼 헌법 제8장의 '헌법상 주민 개념'은 그 출발점에서부터 국민주권에 기초한 민주적 자치를 내용으로 포함하고 있다.

물론 주권자인 국민의 범주와 정주하는 주민의 범주가 언제나 일치하는 것은 아니다. 개념상 주민이 아닌 국민이나 국민이 아닌 주민도 존재할 수 있기 때문이다. 주권자 국민의 대표로서 지방자치법을 입법한 국회는 바로 이와 같은 불일치를 정면으로 인식하면서, 지방자치법 제12조의 지방자치단체의 주민 개념을 대한민국의 국민 여부를 따지지 않고 지역적 정주성을 중심으로 규정하고 있다. 그러나 이 경우에도 지방자치법의 입법 주체, 즉 그와 같은 '지방자치법상의 주민 개념'을 규정하는 입법권이 주권자인 국민으로부터 도출되는 점에는 아무런 차이가 없다.

그러므로 헌법 제8장의 '헌법상 주민 개념'과 지방자치법 제12조의 '지방자치단체의 주민 개념' 사이에 존재하는 불일치는 헌법이 이미 예정하고 있는 것으로 이해할 필요가 있다. 달리 말해, 헌법 제8장은 그와 같은 불일치의 가능성에도 불구하고 지역적 정주성을 가진 주권자 국민을 통해 비로소 국민주권의 역동적 실현으로서 지방자치가 이루어질 수 있음에 주목하고 있다는 점이다. 이는 헌법이 정당과 정치인을 통하여 입법권을, 선출직과 임명직 공무원을 통하여 행정권을, 법관과 법률가를 통하여 사법권을 각기 구성하면서, 그 각각에 불가피하게 존재할 수밖에 없는 불일치에도 불구하고, 통치과정에 대한 주권자 국민의 참여를 역동적으로 제도화하는 것과 일맥상통한다. 각각의 헌법상 권력은 주권자 국민의 의사를 완벽하게 반영할 수 없는 불일치의 가능성을 회피할 수 없지만, 헌법상 권력들 사이의 치열한 상호경쟁 및 견제와 균형의 역동적 과정을 통하여 결국 주권자 국민의 자기 통치를 보장하게 되는 것이 아니겠는가? 기능적 권력분립과 공간적 권력분립의 헌법 원리는 불완전할 수밖에 없는 헌법상 권력들이 상호의 네트워크 속에서 국민주권을 역동적으로 실현하는 방식이기도 하다.

그러므로 현행 헌법상 자치권은 지역적 정주성을 가진 주권자 국민의 존재에서 곧바로 도출된다. 주민으로 모습을 바꾼 주권자 국민의 자기 통치가 주민 자치의 본질인 셈이다. 헌법 제8장은 지방자치 자체를 보장하고, 자치사무 및 자치입법권(과 자치사법권)을 보장하는 방식으로 이러한 의미의 자치권을 전제하고 있다. 이념적 일관성을 따지자면, 자치권의 구체적인 제도화는 마땅히 주민으로 모습을 바꾼 주권자 국민의 자기 통치를 최대한 보장하는 방향으로 이루어져야 할 것이다. 예컨대, 지역적 정주에 기초하여 스스로 지방자치단체를 설립, 변경, 폐지하려는 주권자 국민의 의지적 결단은 정당한 이유가 없는 한 존중되어야 한다.

그러나 바로 이 대목에서 헌법 텍스트는 극적인 태도의 변화를 보여준다. 헌법 제8장은 지방자치를 오로지 법률에 의하여 설립되는 지방자치단체를 통한 자치로 제한하고 있기 때문이다. 게다가 헌법 제117조 제2항과 제118조 제2항은 헌법적 필수기관으로 지목된 지방의회를 포함하여 지방자치단체의 종류와 조직과 운영에 관한 사항을 모두 국회가 법률로 정하도록 규정한다. 이는 한마디로 자치권의 본질인 주민 자치의 이념을 국가적 차원에서 법률로 조직하는 단체 자치의 형식으로 갑자기 축소해 버리는 꼴이다. 이로써 주민으로 모습을 바꾼 주권자 국민의 자기 통치는 별안간 국가적 차원에서 법률로 설립된 지방자치단체 속으로 회수되어 버리고 만다.

종래 국내 학계의 지방자치에 관한 헌법해석은 이와 같은 헌법 텍스트의 극적인 태도 변화를 이를테면 '최소지방자치주의'로 설명해 왔다. 국민국가 건설을 최우선적인 헌법적 목표로 상정할 수밖에 없었던 주권자 국민의 헌법정책적 결단 때문에 헌법 텍스트가 자치권의 구체적인 제도화를 최소지방자치의 수준으로 제한했다는 해석이다. 이를 대표하는 해석적 초점은 지방자치단체의 자치입법권(과 자치사법권)에 관하여 헌법 제117조 제1항에 등장하는 '법령의 범위 안에서'라는 표현이다. 이로 인하여 지방자치는 법률로 설립되는 지방자치단체를 통한 자치로 축소된 이후에도 다시 정부의 명령(대통령령, 총리령, 부령)의 범위 안으로까지 더욱 축소될 수밖에 없기 때문이다. 이에 더하여 헌법 텍스트가 명문으로 규정한 기본권 제한의 법률주의 원칙(제37조 제2항)과 그 구체적 표현으로서 조세의 종목과 세율을 법률로 정하도록 한 조세법률주의(제59조)는 대한민국의 지방자치를 최소지방자치의 수준으로 묶어 놓는 핵심 원인으로 지목되어 왔다. 그러나 이처럼 지독하리만큼 소극적인 입장을 과연 현행 헌법 텍스트에 대한 최선의 해석으로 볼 수 있을까? 이를 뛰어넘는 적극적인 해석의 가능성은 전혀 없는 것일까?

이 질문에 답하기 전에, 잠시 지금까지의 논의를 정리해 보자.

1. 헌법상 권력의 위계는 주권 → 통치권 → 입법권 → 자치권의 순서가 아니라 주권 → 통치권 → 입법권·사법권·행정권·자치권의 순서이다.

2. 헌법은 제8장에서 지방자치의 구체적인 제도를 형성할 수 있는 권한과 책무를 입법권을 가진 국회에 부여하면서 몇 가지 헌법유보를 규정하여 국회의 입법형성권에 중대한 한계를 규정하고 있다. 이는 ① 지방자치 자체의 헌법적 보장 ② 지방자치단체를 통한 지방자치의 제도화 ③ '자치사무'에 대한 헌법적 보장 ④ 지방자치단체의 자치입법권에 대한 헌법적 보장 ⑤ 지방자치단체의 종류에 대한 법정주의 ⑥ 지방의회의 헌법적 필수기관화 ⑦ 지방의회의 조직·권한·의원선거와 지방자치단체의 조직과 운영에 관한 사항의 법정주의로 요약할 수 있다.

3. 지방자치단체의 자치사무집행권과 자치입법권, 즉 '주민의 복리에 관한 사무를 처리하고 재산을 관리하며, 법령의 범위 안에서 자치에 관한 규정을 제정할 수 있는 권한'은 헌법 제117조 제1항으로부터 직접 도출된다.

4. 헌법이 제8장의 헌법유보사항들의 준수를 조건으로 자치사무집행권과 자치입법권의 구체적인 내용에 관한 입법형성권을 국회에 부여했다면, 그 입법의 범위 내에서 자치사무와 관련된 사법적 분쟁의 해결 권한 및 이를 위한 자치입법의 해석 권한, 즉 자치사법권도 함께 보장한 것으로 해석해야 하지만, 현재의 입법은 자치사법권을 완

전히 도외시하고 있으므로 시급한 보완이 필요하며, 자치입법에 관련한 규범 통제 문제 역시 해석론적 재고가 필요하다.

5. 현행 헌법상 자치권은 지역적 정주성을 가진 주권자 국민의 존재, 즉 '헌법상 주민 개념'으로부터 곧바로 도출된다. 그러나 헌법 텍스트는 주민 자치의 이념을 국가적 차원에서 법률로 조직하는 단체 자치의 형식으로 축소하고 있으며, 종래의 헌법해석에서 이는 지방자치단체의 자치입법권(과 자치사법권)에 관한 헌법 제117조 제1항의 '법령의 범위 안에서'라는 표현 및 기본권 제한의 법률주의 원칙(조세법률주의 포함)을 고리로 '최소지방자치주의'를 용인하는 관점에 연결된다.

이상의 정리가 잘 보여주듯, 지방자치단체의 자치입법권을 최소지방자치의 수준으로 국한하고 자치사법권의 존재를 아예 도외시하는 종래의 헌법해석은 헌법 텍스트의 극적인 태도 변화를 고려하더라도 대단히 부자연스럽다. 이와 같은 해석적 곤란을 벗어나기 위한 가장 정상적인 돌파구는 두말할 것도 없이 헌법개정을 추진하는 것이다. 대표적인 예로서 2018년 3월 26일 문재인 대통령이 제안했던 헌법개정안 가운데 지방자치 관련 조항을 대폭 손보았던 것을 들 수 있다. 그러나 문재인 대통령의 헌법개정안이 국회에서 야당의 보이콧으로 심의조차 이루어지지 못한 채 폐기된 사실에서 알 수 있듯이, 헌법개정은 말 그대로 마지막 수단이다. 그 이전에는 가능한 모든 해석적 돌파구를 찾아야 한다.

이 점에서 주목할 것은 헌법 제8장이 주민으로 모습을 바꾼 주권자 국민의 자기 통치를 제도화할 권한과 의무를 지방자치단체나 지방의회가 아니라 법률의 입법권을 가진 국회에 부여하고 있다는 점이다. 생각하기에 따라서 이 점은 종래의 헌법해석에 관한 근본적인 전복을 불러올 수도 있다. 지방자치단체의 자치사무집행권 및 자치입법권과 자치사법권, 즉 '주민의 복리에 관한 사무를 처리하고 재산을 관리하며, 법령의 범위 안에서 자치에 관한 규정을 제정할 지방자치단체의 권한'이 헌법 제117조 제1항에서 직접 도출되고, 국회는 단지 그 구체적인 내용에 관한 입법형성권을 가질 뿐이라면, 헌법 해석상 국회가 법률로 구체화한 자치사무집행권 및 자치입법권과 자치사법권의 범위 내에서는 당연히 지방자치단체의 의회에 구체적인 내용에 관한 입법을 적극적으로 위임해야 할 의무가 발생한다고 해석할 수 있기 때문이다. 이를 연장할 경우, 헌법과 법률이 정한 자치사무에 관해서는 명령의 입법형성권을 가진 정부 역시 당연히 지방자치단체의 의회에 대하여 마찬가지의 적극적인 입법위임의무를 진다고 말해야만 한다. 물론 이때의 위임입법은 헌법 제75조가 요구하는 대로 구체적인 범위를 정하여 위임하는 형식적 요청을 반드시 준수해야 할 것이다.

이처럼 헌법 제117조 제1항을 지방자치단체의 의회에 대한 국회와 정부의 적극적인 입법 위임 의무를 전제로 해석할 경우, 헌법 텍스트의 해석적 난점은 의외로 쉽게 해결될 수 있다. '법령의 범위 안에서'라는 표현은 정반대로 자치입법권의 내용적 심화를 위한 토대로 재해석될 것이고, 기본권 제한의 법률주의 원칙(조세법률주의 포함) 역시 법률에 근거를 둔 적극적인 입법 위임으로 충족될 것이기 때문이다. 지방자치단체의 종류, 조직, 운영을 법률로 정하도록 하면서도, 지방자치단체의 의회를 헌법적 필수기관으로 삼은 헌법 제118조 제1항의 취지도 명확하게 드러날 것이다. 나아가 국회나 정부가 자치사무 및 자치입법과 자치사법 사항에 대하여 적극적으로 입법을 위임해야 할 의무를 위반할 경우, 헌법재판소가 위헌법률심판이나 권한쟁의심판을 통해 이를 통제할 가능성도 구체화할 수 있을 것이다.

무엇보다 이와 같은 해석은 주민 자치의 이념을 단체 자치의 형식으로 축소한 것처럼 보이는 헌법 텍스트의 극적인 변화를 완벽하게 전복시켜 재해석할 수 있는 교두보를 만들어 준다. 지금까지 헌법 제117조 제1항의 '법령의 범위 안에서'가 자치입법권의 심대한 제약이 된다는 점에 관해서는 이를 '법령에 위반되지 않는 범위에서'로 해석하는 방법 외에 별다른 해결책이 없으며, 따라서 헌법개정이 불가피하다는 논의가 대세를 이루어 왔다. 그러나 예를 들어 광역자치의회에 자치법률의 입법권을 부여하여 헌법개정을 추진하더라도 헌법 제37조 제2항이 규정한 기본권 제한의 (형식적) 법률주의 원칙이나 조세법률주의 원칙 등에 예외를 마련하는 것은 그 자체로서 현재 국내 헌법학계의 판도에서 대단히 어려운 과제일 수밖에 없다. 가까운 미래에 헌법개정이 불가능하다면, 이 글이 주장하는 것처럼 헌법 제117조 제1항이 정한 자치사무 및 자치입법권의 범위에서 국회의 적극적인 입법위임의무를 확인하는 방식으로 자치입법권과 자치사법권에 대한 새로운 헌법해석을 구축하는 것이 현재로선 최선에 가까운 방책이 아닐까 싶다. 나아가 이로부터 자치분권을 획기적으로 강화하는 헌법개정의 길이 열릴 수 있음은 말할 것도 없다.

그렇다면 이상과 같은 현행 헌법의 새로운 해석, 즉 입법권·사법권·행정권 전체를 국가와 지방자치단체에 분배하는 근거이자 기준으로 헌법의 텍스트를 새롭게 읽고, 그 결과로서 시공간적 거주에 기초한 국민(주민)의 자기 통치권으로 자치권을 읽어내는 해석은 포항의 법률가를 법사회학적으로 묘사한 이 글의 작업과 관련하여 어떠한 함의를 가질 수 있을까? 다시 한번 강조하건대, 이 글은 '사법도 대표'라는 생각에서 출발하여 포항의 법률가에 대한 법사회학적 소묘를 시도했다. 그리고 그 결과로서 대구지방법원 포항지원과 대구지방검찰청 포항지청이 포항 사회에 등장한 지 약 25년 만에 적어도 '사법 자치'가 불가능한 목표는 아니라고 말할 수 있는 정도까지는 일정한 변화가 진행되었고, 앞으로도 그러한 변화가 계속될 가능성이 있다는 점을 확인했다.

앞에서 누누이 강조했듯이 '사실'(fact), '사람'(person), '법'(law)의 세 측면 모두에서 사법은 근본적으로 로컬리티에 의존할 수밖에 없다. 증거와 증인, 배심과 커먼로의 전통, 즉 시민의 자유를 제한하려면 반드시 그 시민의 거주하는 지역의 로컬리티가 담겨 있는 법(the law of the land)에 따라야 한다는 정신은 모두 이 점에서 우러나는 것이다. 이 점에서 '주권국가 유일주의'와 익명성의 정치에 너무도 익숙해져 있는 대한민국의 현실에서 포항 사회 및 포항의 법률가사회가 지열발전으로 인한 촉발지진이라는 사회적 재난에 대처하는 일련의 정치적·사회적-입법적·사법적 대표과정을 통하여 사법적 로컬리티를 발견하는 나름의 각성을 공유하게 된 것은 오래 보존하고 발전시켜야 할 의외의 성과라고 보아야 할 것이다.

앞에서 나는 본격적인 이야기를 시작하기 전에 대구지방법원 포항지원의 한 법정에서 2022년 12월 22일 목요일 오후 2시에 벌어졌던 '11·15 포항지진 손해배상사건'의 모습을 간략히 묘사했다. 그 속에서 내가 발견했던 것은 국가의 잘못으로 벌어진 사태에서 피해를 당한 뒤, 국가를 상대로 소송을 제기하고 억울함을 호소하고자 법정에 모인 다수 포항시민의 복잡미묘한 이중적 분위기였다. 한쪽에는 복종하려는 분위기가 있고, 다른 쪽에는 불만스러운 분위기가 있었다. 전자는 사법적 거버넌스의 제도에서 비롯되는 사뭇 딱딱하고 고집스러운 느낌이었고, 후자는 그 제도가 포항 사회 또는 포항 사람들이라는 구체적인 현장에 놓였을 때 비로소 드러나는 답답하고 어색하며 꺼림칙한 느낌이었다. 나는 이 둘 가운데 후자에서 사법적 로컬리티의 자취를 찾고 포항의 법률가에 대한 소묘를 통해 그 속에 담긴 일말의 가능성을 천착하고 싶었다.

자치권의 본질에 대한 새로운 헌법해석, 특히 자치사법권을 현행 헌법의 해석으로부터도 당연히 끌어낼 수 있다는 해석 제안으로 이 글을 마무리하는 이유는 그로부터 새로운 토론 또는 논쟁거리를 독자와의 사이에 촉발하기 위함이다. 한반도에서 민주공화국 프로젝트가 시작되어 행정적 자치에서 정치적·입법적 자치로 자치의 이념과 실제가 확장되어 온 지도 어느새 75년을 헤아리는 시점에 우리가 와 있다. 그렇다면, 가까운 장래에 그 여정을 사법 자치의 영역에까지 확장하는 것도 결코 불가능한 꿈은 아니지 않을까? 이 글에서 소묘한 포항의 법률가사회가 그 미답의 헌정주의적 실험에도 앞장설 수 있기를 기대한다.

참고문헌

김성국, 1995, 『안토니오 그람시의 헤게모니 이론』, 한울
김희수·서보학·오창익·하태훈, 2011, 『검찰공화국, 대한민국』, 삼인
박상철, 1994, 『'94 국민 법의식 조사연구』, 한국법제연구원
문준영, 2010, 『법원과 검찰의 탄생-사법의 역사로 읽는 대한민국』, 역사비평사
서병철, 2023, 『국가공간과 지역정치-철강도시 포항의 재인식』, 한국학술정보
소중희, 1005, 「행정지도에 의한 물가규제」, 최대권 외 10인, 『법사회학의 이론과 방법』, 일신사
신현기, 2017, 『특별사법경찰론』, 법문사
양 건, 2004, 『법사회학』, 민음사, 제2판
양만재, 1991, 「지방자치시대와 포항지역사회」, 조광제·이대환 편저, 『포항사회의 진단과 전망』, 포항지역발전연구소
이국운, 2019, 『헌정주의와 타자』, 박영사
이국운, 2018, 「법률가사회학 이론 서설」, 법과 사회 제58호
이국운, 2016, 「사법의 분권과 자치는 어떻게 가능한가?」, 입법과 정책 제14호
이국운, 2016, 「'헌정적인 것'의 개념」, 법과 사회 제51호
이국운, 2014, 「(사법)정의: 법과 정의의 단절을 어떻게 극복할 것인가?」, 참여연대 편, 『반성된 미래-무한 경쟁 시대 이후의 한국 사회』, 후마니타스, 제2장
이국운, 2014, 「지역법관제도의 입법적 보완 방향에 관한 소고: 사법정치학적 분석을 토대로」, 법과 사회 제47호
이국운, 2012, 「검찰조직의 민주화 방안 연구-지방검사장 주민직선제를 중심으로」, 시민과 세계 제19호
이국운, 2012, 『법률가의 탄생-사법 불신의 기원을 찾아서』, 후마니타스
이국운, 2010, 『헌법』, 책세상
이국운, 2008, 「분권사법과 자치사법-실천적 모색」, 부산대학교 법학연구 제49권 제1호(통권 제59호)
이국운, 2004, 「포항지역 법조문화에 대한 법사회학적 연구」, 법과 사회 제27호
이국운, 2003, 「법치와 분권-한국 사회에서 다원주의 헌법이론의 전망」, 공법연구 제32권 제2호
이국운, 2002, 「사법서비스 공급구조의 지방분권화」, 법과 사회 제23호
이국운, 2000, 「법률가양성제도의 정치적 기능」, 민주법학 제17호
이국운, 1999, 「정치적 근대화와 법」, 법철학연구 제2권
이국운, 1998, 「정치적 근대화와 법률가집단의 역할-법률가양성제도 개혁논의의 비교분석을 통한 접근」, 서울대학교 법학박사학위논문
이국운·박경신, 2000, 「정원제 사법시험제도의 위헌성」, 법과 사회 제18호

이유봉, 2021, 『2021년 국민법의식조사 연구』, 한국법제연구원
이유봉·김대홍, 2020, 『한국인의 법의식: 법의식조사의 변화와 발전』, 한국법제연구원
이현우, 1993, 「포항시에 법원과 검찰청이 신설되어야 하는 타당성에 관한 연구」, 포항연구 제12호
임재현, 2018, 『포항지진과 지열발전』, 여우와두루미
장세훈, 2010, 「지방자치 이후 지역엘리트의 재생산 과정」, 경제와 사회 제86호
참여연대 사법감시센터, 2023, 『검사의 나라, 이제 1년-윤석열 정부 검찰보고서 2023』, 참여연대
최강욱, 2017, 『권력과 검찰-괴물의 탄생과 진화』, 창비
최대권, 1983, 『법사회학』, 서울대학교 출판부
최 선, 2016, 「법관인사제도 변화에 대한 신제도주의적 분석」, 법과 사회 제51호
포항지진촉발진상규명대응시민회의 편, 2019, 『누가 어떻게 포항지진을 만들고 불러냈나』, 아시아
허대만, 2002, 『지역을 바꿔야 나라가 바뀐다-포항의 푸른 희망 허대만의 세상읽기』, 도서출판 새암
홍성민·이국운, 2022, 『데이터에 기반한 입법평가: 피해대응을 위한 입법(V)-포항지진피해구제법』, 한국법제연구원

모니카 비에이라·데이비드 런시먼, 2020, 『대표: 역사, 논리, 정치』, 노시내 역, 후마니타스
로저 코터렐, 1992, 『법사회학 입문』, 김광수 외 역, 터
M. 레빈더, 1981, 『법사회학』, 이영희·최종고 역, 법문사

Jeremy Waldron, 1999, *Law and Disagreement*, Oxford University Press
Judith N. Shklar, 1986, *Legalism-Law, Morals, and Political Trials*, Harvard University Press
Martin Shapiro, 1981, *Courts-A Comparative and Political Analysis*, University of Chicago Press
Ran Hirschl, 2004, *Towards Juristocracy*, Harvard University Press
Stuart A. Scheingold, 1974, *The Politics of Rights-Lawyers, Public Policy, and Political Change*, Yale University Press

국무총리소속 포항지진진상조사위원회, 『포항지진진상조사위원회 활동보고서』, 2021. 7.
포항 11.15 촉발지진 범시민대책위원회, 『포항 11.15 촉발지진 범시민대책위원회 백서-포항지진특별법을 위해 헌신한 포항시민들의 활동보고서』, 2021. 10.

뉴시스 2021년 8월 14일자 기사 「'변호사법 위반' 포항 변호사 징역 6월 법정구속」
동아일보 2023년 7월 31일자 사설 「이번엔 법무부 수사준칙 통한 '검수원복' 꼼수」
조선일보 2023년 6월 29일자 기사 「자치경찰제 2년…"자치경찰 업무만 있고 자치경찰관은 없다"」

포항학총서 8
포항의 법률가 ⓒ이국운

발행일	2023년 10월 20일 초판 1쇄
발행처	포스텍 융합문명연구원
지은이	이국운
펴낸곳	도서출판 나루
펴낸이	박종민
디자인	홍선우
등록번호	제504-2015-000014호
전화	054-255-3677
팩스	054-255-3678
주소	포항시 북구 우창동로 80
페이스북	www.facebook.com/narubooks
ISBN	979-11-982261-4-3 04090
	979-11-974538-6-1 04090 (set)

* 값은 뒤표지에 표시되어 있습니다.
* 인지는 생략합니다.
* 이 책의 전부 또는 일부 내용을 재사용하려면 사전에 지은이와 출판사의 동의를 얻어야 합니다.

본 저서는 포스텍 융합문명연구원의 지원을 받아 연구되었음.
This book published here was supported by the POSTECH Research Institute for Convergence Civilization (RICC).